JN239049

TOEIC®テスト280点から同時通訳者になった私がずっと実践している英会話の絶対ルール

同時通訳者
小熊弥生

はじめに

10年英語を習っても、なかなか話せないのはなぜ？

　この本を手に取ってくださったあなたは、きっと「英会話ができるようになりたい」という願望や、「言いたいことを英語できちんと伝えられるようになりたいけれど、どんな勉強をすればいいんだろう？」といった疑問をお持ちなのではないかと思います。

　日本人は多くの人が学生時代に6〜10年程度、英語を学んでいます。しかし、**「英語がまったくできないわけではないが、会話は苦手」**という人がたくさんいます。

　私は通訳者として仕事をしながら、日本人が外国人と英語でコミュニケーションする場に数多く立ち会ってきました。そのような場でよく目にするのは、

- 英語であいさつできるのに、その後の会話が続かない人
- 英語でプレゼンする際、自分で日本語を英語に翻訳して原稿を読み上げることはできるけれど、質疑応答にはうまく答えられずあわててしまう人
- 専門領域のことなら英語で話せるのに、雑談になると通訳を呼ぶ人

などです。
　そう、会話が苦手なのは、英語初学者ばかりではありません。

英語がある程度できる人、難しい単語やフレーズを知っているような人でも、会話となるとなかなかスムーズに話せず、相手とうまくコミュニケーションが取れないという人が非常に多いのです。

英語で話せない理由はどこにある？

「英語をある程度勉強したけれど、会話が苦手」という場合、英語がなかなか口をついて出てこない理由は大きく2つあります。

1つは、「英語で話すんだ」と身構えてしまい、**メンタルブロック**されてしまっているケース。落ち着いて考えれば、中学校で習った単語で言いたいことが十分伝えられる状況なのに、パニックになって言葉が出てこなくなってしまうパターンです。

もう1つは、**事前の準備不足**です。知らない単語や身についていないフレーズが、自分の口から自然に出てくることはありえません。英会話学習には、事前に適切な準備とトレーニングを積むことが必要です。

ここで問題となるのは、多くの人が「何が適切な準備なのか」「どんなトレーニングをすれば話せるようになるのか」を知らないことです。英会話フレーズ集をただ丸暗記したり、英会話学校に何となく通ったりしているだけでは、なかなか英語をスムーズに話せるようにはなりません。

では、英語でコミュニケーションするために必要な準備とはどのようなものなのでしょうか？

言いたいことを言葉にするためには、英語を口に出して行う**リハーサル**が必須です。また、相手と会話のキャッチボールをするには、話の展開やどのような質問が出てくるかを想定して事前に会話を**シミュレーション**しておくことが欠かせません。

　言いたいことをきちんと伝えるには、**大きな声**で明瞭に話す練習も必要でしょう。声が小さくて相手が聞き取れていないだけなのに、「自分が話した英語が通じなかった」と思い込み、英語で話すことをあきらめてしまう日本人の姿を私は何度も見てきました。

　相手が話している英語がわからないと、会話を続けることをあきらめてしまう人もいますが、おびえず丁寧に**聞き返す**方法を知っていれば、会話を先に進めることができるでしょう。
「英会話力がいまひとつ伸びない」という方は、こうした準備のどこかが欠けてはいなかったか、これまでの勉強法を振り返ってみてください。

TOEICスコア280点から
純国産同時通訳者になれた英会話学習法とは

　英語が話せない人の多くがどんな問題を抱えているのか、私はよく知っています。というのも、**私自身が四苦八苦しながら英会話を習得した**経験を持っているからです。

　高校時代に英会話スクールに通ったときは、いつも質問にスムーズに答えることができず苦労していました。

短大時代は外国人とルームシェアをして、ちょっとした会話ならできるようになりましたが、いざ英語を使うアルバイトを始めると、想定外の質問に何も答えられない自分がいました。英語が好きだったのに、短大卒業時に受けたTOEICでは280点という目を覆いたくなるようなスコアしか取れない有り様だったのです。

その後、通訳者を目指して勉強を始めましたが、通訳学校の受験では、英語面接で面接官の質問に答えることができず、まったく太刀打ちできませんでした。何とか通訳者になったものの、駆け出しの頃は込み入った話をうまく英語にできず、「こんな失敗をするなんて……」と何度も落ち込んだものです。

しかし、私は試行錯誤しながら勉強を続け、ついに海外留学などの経験がないまま**"純国産"の同時通訳者**になることができました。

本書では、その過程で私自身が実践し、高い効果が得られた英会話のノウハウをあますことなく公開していきます。誰もがメンタルブロックを外し、自信を持って英語でコミュニケーションできるようになるために、先に挙げたポイントを踏まえて「本当に必要な準備」が整うよう、トレーニング法とあわせて実践的な場面別会話例を多数収録しました。さらに、5000を超える通訳の現場で体得した「外国人と理想的なコミュニケーションを取るためのコツ」も盛り込んでいます。

正しいトレーニング法を実践し、本書でご紹介する「ルールとコツ」を知りさえすれば、ビジネスでもプライベートでも外国人とスムーズに雰囲気よく会話し、心地よく有益なコミュニケーションを取ることができるようになります。

　ぜひ、「外国人と談笑する自分」をイメージしてください。その姿は、必ず現実のものになります。

　それではさっそく、「スピーキングの達人」への第一歩を踏み出しましょう！

小熊弥生

Contents

はじめに ……………………………………………………… 3
本書の使い方 ………………………………………………… 12

Introduction 英会話が上達する6つの基本ルール

ルール❶ 即、行動。今できることをすぐにやる ……………… 24
ルール❷ 予定を決めて手帳に書く ……………………………… 26
ルール❸ 言われたことを素直に、思い切りやる ……………… 28
ルール❹ 失敗こそ「最高の学びの機会」と考える ……………… 30
ルール❺ 仕入れた英語は腐らせず、すぐに使う ……………… 32
ルール❻ 身につくまで、繰り返し練習する ……………………… 34

Part1 今日から実践「英会話のコツ15」

正しいフレーズを身につけるだけでは英会話は上達しない … 38
初心者でもすぐ身につけられる「英会話のコツ」とは? ……… 39
理想のスピーキング力を作るには「人間同士の会話力」が必須 … 42
英語が話せるだけでは、英会話を学ぶ意味がない ………… 43
英会話のコツ❶ 相手にメリットをもたらす …………………… 45
英会話のコツ❷ 相手を褒める …………………………………… 50
英会話のコツ❸ 相手と自分の共通項を見つける ……………… 55

英会話のコツ④	相手の家族について話す	59
英会話のコツ⑤	あいづち上手になる	62
英会話のコツ⑥	相手の言葉に素早く反応する	65
英会話のコツ⑦	相手の状況を知り、配慮を示す	68
英会話のコツ⑧	笑顔で会話する	74
英会話のコツ⑨	自己紹介上手になる	76
英会話のコツ⑩	発声はお腹から、発音は正確に	81
英会話のコツ⑪	自分の土俵に相手を引きずり込む	84
英会話のコツ⑫	具体的な質問をする	88
英会話のコツ⑬	おうむ返しに相手の発言を繰り返す	91
英会話のコツ⑭	相手の立場を問わず臆せず会話する	94
英会話のコツ⑮	自信を持ち、熱意を込めて話す	96

|Column| 外国人に聞いてみました　98

Part2　場面別　実践ダイアログ

ダイアログの使い方＆実践法　104

Scene1　街中で

1-1	困っている人に話しかける	112
1-2	道を案内する	114
1-3	道順を細かく説明する	116
1-4	お店の場所を教える	118

- 1-5 道案内した相手と仲よくなる ……………… 120
- 1-6 ショッピングのアドバイスをする ………… 122
- 1-7 カフェで見かけた人に話しかけてみる …… 124
- 1-8 外国料理店の店員さんに話しかける ……… 126

Scene2　駅・電車で

- 2-1 空港までの路線を案内する ………………… 128
- 2-2 切符を買ってあげる ………………………… 130
- 2-3 観光のアドバイスをする …………………… 132
- 2-4 電車の乗り方を教える ……………………… 134
- 2-5 オススメのスポットを紹介する …………… 136
- 2-6 ガイドブックを見ている人に ……………… 138

Scene3　レストラン・酒場で

- 3-1 料理を説明する ……………………………… 140
- 3-2 オススメの店を紹介する …………………… 142
- 3-3 共通項を伝えて会話を盛り上げる ………… 144
- 3-4 パブで知り合った外国人と話す …………… 146
- 3-5 スポーツバーで一緒に楽しむ ……………… 148

Scene4　ホテルで

- 4-1 エレベーターで乗り合わせたとき ………… 150
- 4-2 エレベーターで話しかける ………………… 152
- 4-3 エレベーターで雑談する …………………… 154

Scene5　機内・海外旅行先で

- 5-1　飛行機で乗り合わせた人と話してみる ……… 156
- 5-2　バスで乗り合わせた人と話してみる ……… 158

Scene6　職場・仕事関係で

- 6-1　外国人からの電話に応対する ……… 160
- 6-2　国際電話をかけるのを手伝う ……… 162
- 6-3　初対面の人にあいさつする ……… 164
- 6-4　同僚に話しかける ……… 166
- 6-5　連絡先を交換する ……… 168
- 6-6　オススメの和食を紹介する ……… 170
- 6-7　日本通のお客さんと ……… 172
- 6-8　オススメ観光ツアーを紹介する ……… 174
- 6-9　オススメのお土産を提案する ……… 176

Scene7　スクール・英会話レッスンで

- 7-1　英会話カフェで練習する ……… 178
- 7-2　プロジェクトを作って練習する ……… 180
- 7-3　フィリピンのスカイプ英会話 ……… 182

番外編 こんな場面のひと言 ……… 184

　|Column| 教会に行ってみよう！ ……… 190

本文イラスト・デザイン／千葉さやか(Panchro)
図版／ムーブ

本書の使い方

1. 英会話が上達するための「マインド」を磨こう！

Introduction 英会話が上達する6つの基本ルール
Part1 今日から実践「英会話のコツ15」

　同時通訳者である著者がいつも実践している英会話のルールとコツを紹介しています。まずはその心構えを読んで、普段の練習と実践に取り込みましょう。

2. 街に出て、英会話を実践しよう！

Part2　場面別　実践ダイアログ

さまざまな場面における会話例を紹介しています。「ダイアログの使い方＆実践法」をしっかり確認して、どんどん実践してみましょう。

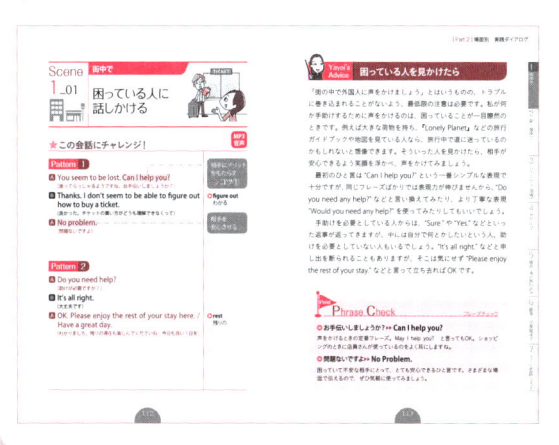

MP3音声ファイルをダウンロード！

Part 2 の「場面別　実践ダイアログ」の会話音声を、インターネット上でダウンロードできます。パソコンから、下記のウェブサイトで、本書の情報ページにアクセスして、MP3 ファイルをダウンロードしてご利用ください（詳細は P.191 へ）。

http://www.chukei.co.jp/600292

※本サービスは、予告なく終了・変更になる場合がございます。詳細はウェブサイトでご確認ください。

Introduction
英会話が上達する6つの基本ルール

英会話ができるようになるには実践が必要

　本編に入る前に、皆さんに頭に入れておいていただきたいことがあります。それは、**「実践なくして、スピーキング力を身につけることはできない」**ということです。

　英会話ができるようになるには、まず使う単語やフレーズを身につけることが必要なのは言うまでもありません。知らない単語やフレーズが口から出てくることはありませんから、英会話の素材となるフレーズを自分の中に蓄積する必要があります。

　しかし、これだけで英会話ができるようになるわけではありません。スピーキング力をつけるためには、外国人と実際に英語で話すトレーニングが不可欠です。

　ところが、「英会話ができるようになりたい」という希望を持っているのに、英語を使う機会を設けていない人がたくさんいます。1人で部屋にこもり、ブツブツと英語のフレーズを練習したり、英会話の本を読んだりするだけでスピーキング力をつけようと考えるのは間違いです。これは、「泳げるようになるためには水に入って泳いでみなければならない」というのと同じこと。いくら

泳ぎ方について詳しく書かれた本を精読しても、泳げるようにはなりません。

　受動的に「聞いたり読んだりしてわかる英語」と、能動的に「話したり書いたりできる英語」は異なります。練習で仕入れたフレーズは、実際に使わなければいつまでたっても「わかる英語、知っている英語」であって、「使える英語」にはならないことに注意が必要です。

英会話スクールで会話力が伸びない理由

「実践」と聞くと、「やっぱり英会話学校でネイティブの講師に習わないとダメなのかな」と思う方もいらっしゃるかもしれません。しかし、私が言う「実践」とは、英会話学校に通うことではありません。

　英会話学校に通ったことがある方は思い当たるふしがあるのではないかと思いますが、英会話学校では、生徒が講師の質問に答えていくレッスンが一般的です。場合によってはレッスン時間の8割以上、講師が話しているということもあります。しかし、受け身で相手の質問に答える訓練をしても、「会話」はできるようにはなりません。

　皆さんが、ビジネスの場や旅行などプライベートの場で、外国人と向き合う場面を想像してみてください。質問に答えるだけで

は、会話をどんな方向に進めるかをすべて相手にゆだねることになります。

しかし、そもそも皆さんが「英語で話せるようになりたい」という希望を持ち、貴重な時間を割いてスピーキング力を身につけようとしているのは何のためでしょうか？　それは、英語でコミュニケーションすることで意思を的確に伝え合い、相手を自分の望む方向に動かし、ビジネスを成功に導いたりプライベートで親交を深めたりしたいからでしょう。

英会話を学ぶ目的に立ち返れば、自ら質問を投げかけ、会話の主導権を握ることができる力を身につける必要があると気づくでしょう。

英語で話す機会を作り、自分から話しかけよう

このような力をつけるには、英会話学校のような場ではなく、自然に外国人と会話できる機会を作らなくてはなりません。自ら英会話のきっかけを作り、練習で身につけたフレーズを使ってみることが必要なのです。

しかし、私が「スピーキング力をつけるには英語を実際に使わないとダメですよ」とアドバイスすると、表情を曇らせる人が少

なくありません。

「今の環境では英語を使う機会なんてありません。やっぱり海外で生活しないとダメでしょうか？」

「私の身の回りには外国の人はいないので……」

　不安になる気持ちはよくわかります。「いったい、どこでどうやって外国人と話せばいいの？」と疑問に思う方がほとんどかもしれません。
　でも、実は私たちの身の回りには、外国人と会話するチャンスがたくさん転がっているのです。

　ちょっと意識してみると、街の中には意外なほど多くの外国人がいます。これは都心部に限らず、調べてみれば地方にも外国人のコミュニティーはあるものです。それに、インターネット上にも外国人と会話できる場があります。どんな人でも、日本にいながらにして外国人と話す機会を作ることは可能なのです。

「そう言われてもピンと来ないな」という方も、「知らない人と話すのは気後れする、ましてや外国人なんて……」という方も、ご安心ください。

　具体的にどこに行けば外国人と会話できるのか、どのように会

話を始めればよいのか、気後れせずに堂々と外国人に声をかけられるようになるマメ知識など、この後じっくりご紹介していきます。

「声をかけられる」ことは、喜ばしいこと

　また、「外国人に声をかけてみましょう」とアドバイスされると、「急に声をかけたりしたら不審に思われるのではないか」と疑問に思う方もいるでしょう。しかし、**外国人は知らない人から急に声をかけられることにさほど違和感を覚えない**のです。これは、日本と外国の文化の違いの1つと言ってもいいかもしれません。

　以前、ベストセラー『プレゼンテーションzen』の著者であるガー・レイノルズ氏とお話しした際、レイノルズ氏は**「アメリカだと、いつもどこでも話しかけられて大変だ」**とおっしゃっていました。海外では、他人から声をかけられるのが当たり前なのだそうです。

　また、この本を企画するにあたり、私自身が渋谷の街で外国の方に声をかけて、「こうやって日本人から話しかけられることをどう思うか」とインタビューしてみました（このときのレポートは98ページをご覧ください）。

　すると、ほとんどの人が「声をかけてもらえるのは嬉しい」「知

| Introduction | 英会話が上達する6つの基本ルール

らない人に話しかけられるのは普通のことで何とも思わない」といった感想を聞かせてくれました。これは、北米、欧州、オーストラリアなど、多くの国・地域の人が同様の反応でした。

　もちろん、世の中には人見知りの外国人もいます。インタビューでは、声をかけても「急いでいるから」と足を止めてもらえなかったケースもありました。しかし、声をかけたくらいで不審に思われることはまずありません。それどころか、立ち止まってくれた人はみんな笑顔で会話に応じてくれ、一緒に写真を撮ったり、メールやFacebookで連絡することを快くOKしてくれたりしたのです。

　2020年には東京で夏季オリンピックが開催されます。また、政府は成長戦略の一環として「観光立国」の推進を重点分野に掲げており、訪日外国人客を増やすため、必要な制度変更やインフラ整備を進めています。日本にやってくる外国人が確実に増加することが見込まれるのですから、「おもてなし」の心で迎え、積極的に声をかけて日本での楽しい思い出作りをお手伝いできるようになりたいものですよね。
　本書のコンセプトの1つは、**「この本を持って街に出よう、街で外国人と英会話を楽しみながら、スピーキング力をぐんぐん伸ばそう」**です。このことを、ぜひ心に留めて読み進めてください。

失敗を怖がらない。
失敗するほど「英語ペラペラ」に近づける

　もう1つ、本書を読み進めていただくうえで、最初にしっかり意識づけしておいていただきたいことがあります。それは、**「英会話を学ぶ過程では必ず失敗する。そして、失敗すればするほどスピーキング力は伸びる」**ということです。

　英語学習に限らず、新たなチャレンジに失敗はつきものです。それを「恥ずかしい」と感じてしまう方もいらっしゃるでしょう。しかし、実は「失敗した、恥ずかしい」という強烈な感情を持つことは、学習効果という観点では歓迎すべきことなのです。

　というのも、人は一度大きな失敗をしたことは忘れたくても忘れられず、強い記憶として頭に残るものだからです。

　私自身、過去には恥ずかしい失敗をたくさんしてきました。rice（お米）と lice（シラミ）の発音を間違えて相手に変な顔をされたり、飲み物が入ったグラスの中にゴミが入っているのを見て drift（漂流する）という単語を使ったら「ゴミは漂流しないでしょ？」と外国人に笑われたり、失敗談を数え上げればキリがありません。

　しかし、こうした失敗は一度やると二度としなくなります。

確実に正しい発音や単語を覚えられるのですから、このような場面では、「失敗してラッキー！」と前向きにとらえましょう。

　さて、以上を前提に、次のページからは英会話が上達するために必要な「6つの基本ルール」を見ていきます。

ルール 1

即、行動。今できることをすぐにやる

　スピーキング力をアップさせるためには、何といっても「すぐやってみる」ことが重要です。

　例えば、この本を読み進めて「そうか、英会話のトレーニングにはフレーズの音読が必要なんだな」と理解したとしましょう。そこで「じゃあ今度やってみよう！」と考える人は、なかなか英語を使えるようになりません。
　ここでちょっと振り返ってみてください。「今度やろう」「そのうちやろう」と前向きに考えたものの、具体的にいつやるのかも決めないままずるずる放っておいてしまった……という経験はないでしょうか？　「やるべきこと」は、一度後回しにしてしまうと、やらないまま時間が過ぎてしまいがちなものなのです。

　このような事態を防ぐには、**「今できることは、その場ですぐにやる」と決める**ことが必要です。
「音読が必要なんだ」と思ったら、今手元にある英文を使っ

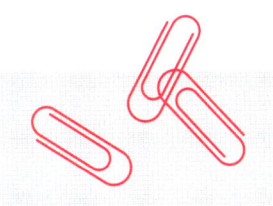

てその場で音読をやってみましょう。もしも「英語で話したいことを考え、実際にどんなフレーズで話すかイメージしてみることが大切」と本に書いてあったなら、すぐ自分が話してみたいことは何なのかを考え、英語のフレーズを思い浮かべてみるのです。

　先に「英会話力をつけるには練習と実践が必要」とご説明しました。これから本書では、その具体的な方法を解説していきます。しかし、どんなに効果的な方法を学んだところで、「そうか、こうやればいいのか」と理解するだけでは、決して英語は話せるようにはなりません。

　今までの「英語が話せなかった自分」と決別し、「英語が話せる自分」になるためには、「即、行動する」「今できることをすぐにやる」ことを徹底しましょう。

ルール 2

予定を決めて手帳に書く

　ルール①を実践すると、すぐに気づくことがあります。それは、「今すぐにはどうしてもできないこと」もある、ということです。

　例えば、この本を読んでいて「英会話カフェに行って外国人と話してみましょう」とあった場合、その場ですぐ英会話カフェに行くわけにはいかないかもしれません。通勤電車の中で、あるいは深夜に本を読んでいる方もいるでしょう。

　このような場合も、「そのうちやろう」「後でやろう」と先送りにするのは厳禁です。「いつ」「何を」やるかを具体的に決め、予定に落とし込まなければ、人はなかなか実行に移せないもの。ですから、英会話カフェにすぐ行けないのなら**「いつ行くか」**を決め、スケジュール帳や「Googleカレンダー」のような時間管理用のアプリケーションなどにすぐ書き込みましょう。必要な作業と時間を見積もり、**自分のスケジュールと照らし合わせて行動を具体化する**こ

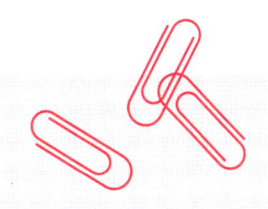

とがポイントです。

「なるほど、英会話カフェに行くのがオススメなのか。でも、どこのカフェがいいか調べて場所を決めないと、予定が立てられないなあ」という場合も、「とりあえず後でネットで調べることにしよう」などと後回しにしてはいけません。このような場合は、「英会話カフェについて調べる」という予定を立てて、その場で手帳に書き込んでください。

　私自身、英語学習に限らず、「目標達成のためにやるべきこと」を細分化し、1つ1つのステップを忘れず実行するよう、ささいなことでも手帳に書き込むよう習慣づけています。これは、過去の経験から**「予定化していないことはできないし、やらない。いつ、何を、どこでやるかを細かく手帳に書いておくと挫折しにくい」**ということを実感しているからです。皆さんも、ルール①とあわせてぜひ実行してください。

ルール 3

言われたことを素直に、思い切りやる

「今すぐやれることは即実行しましょう」「今できないことは予定を決めて手帳に書き込みましょう」——このようなアドバイスに対して、「これをやって本当に役立つのかな?」「そこまでやらなくてもいいかも……」などと考えることは、率直に言って時間の無駄です。アドバイスに素直に耳を傾けられず、何事も疑いの目を持って話半分に聞く人は、これから進めていく英会話学習の効果を台無しにしてしまいかねません。「言われたことは、素直に思い切りやってみる」ことを徹底してください。

もちろん、「まだこの本でスピーキングの勉強をすると決めたわけではなく、複数の本をパラパラと読み比べている段階だ」というなら、いくらでも疑ってかまいません。どんな方法で勉強するのか、どの先生に習うのかといった選択の場面で、迷ったり疑ったりしながら自分にとってベストなものを探るのは重要なことだと思います。

しかし、一度「この本で勉強しよう」「この先生についていこう」などと決めたなら、**「これをやればスピーキン**

グ力がぐんぐん伸びるんだ」「必ず英語がペラペラになる！」と信じ、アドバイスをすべて実践するべきです。

　皆さんにもご経験があると思いますが、人間の脳は「効果があるに違いない」と期待すると、実際にその効果が表れやすくなるという特徴があります。このわかりやすい例は「プラセボ（偽薬）効果」でしょう。新薬の開発では、被験者に新薬を試してもらう際、2つのグループに分けて一方には有効成分が入った薬を、もう一方には有効成分を含まない偽薬を服用させます。なぜこのようなことをするのかと言えば、「新薬だから効果があるに違いない」と思い込むだけで、有効成分の有無にかかわらず効果が出てしまうことが知られているからです。

　言葉を選ばずに言えば、**人間の脳はうまく騙せば騙すほど効果が出やすくなる**わけです。せっかく時間や労力をつぎ込んで英会話の勉強をするのですから、少しでも高い効果が得られたほうがいいことは言うまでもありません。

ルール 4

失敗こそ「最高の学びの機会」と考える

　英語を学ぶ過程では、必ず失敗が伴います。新しい言語で会話することにチャレンジして、まったく失敗しない人など1人もいないのです。

　ところが、一度でも失敗すると、「恥ずかしいからもうやりたくない」「私は語学に向いていないのでは」などとネガティブにとらえ、前に進めなくなってしまう人がいます。これは、大変にもったいないことです。失敗は、最高の学びの機会なのですから。

　確かに、人間誰しも失敗するのは恥ずかしいものです。私もこれまで英語を学ぶ中でたくさんの失敗をしてきました。同時通訳者になってからだって、失敗はないわけではありません。例えば、tracking（荷物等の追跡）を間違えて trucking（トラック輸送）と言ってしまい、あわてて言い直すといった失敗をしたこともありました。
　通訳者としてはこうした間違いを犯すことは大変恥ずか

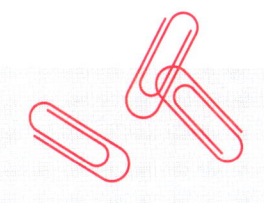

しいことです。
　しかし、**間違えて恥ずかしい思いをした単語や発音などは、その後、何があっても忘れることはありません。**
　ですから、恥ずかしい失敗をするたびに、「ラッキー、これでもう同じ間違いは絶対にしない！」と考えていきましょう。

　ぜひ、失敗したらすぐ「これは学びのチャンス！」と考える習慣をつけてください。

ルール5

仕入れた英語は腐らせず、すぐに使う

「英会話の勉強をしています」と言いながら、会話のフレーズを覚えるばかりでまったく使っていないという人は少なくありません。

しかし、覚えた単語やフレーズは、**すぐ使わないとどんどん忘れてしまいます**。これでは、魚を仕入れたお寿司屋さんがネタを出さずに腐らせてしまうようなものです。

「いくら英語を勉強しても忘れてしまう」「なかなか英語が使えるようにならない」という人は、**「勉強したらとにかくすぐに使ってみる」**という習慣をつけましょう。これは、効果絶大です。

私自身、通訳の準備などで新しい単語を毎日のように大量に（1つの仕事につき100語ぐらい）覚えなくてはならない日々の中で、たくさん単語を書き出しますが、記憶に確実に残るのはすぐ使った単語です。使わないままの単語は、いくら単語帳を作ってもなかなか覚えられません。

「英会話のテキストでフレーズを覚えても、そのまま使う場面はなかなかないし……」という方もいるでしょう。これは、そもそもの発想を逆にしてください。勉強した英語を無駄なくものにしたいなら、まず自分が英語を使う場面をイメージし、すぐ使えそうな表現からどんどん仕入れ、英会話を実践できる場に飛び出していって、それらを次々と使っていきましょう。

　使う場面が思いつかないようなフレーズをいくら頑張って覚えても、「おいしく食べられないまま腐っていく寿司ネタ」にしかならないのですから。そのような無駄な努力にしないように使いましょう。

ルール **6**

身につくまで、繰り返し練習する

　英会話のフレーズを身につける際は、繰り返し練習することが欠かせません。また、反復練習は時間の間隔をあけて行うことが望ましいことを知っておきましょう。

　これは、脳内で短期記憶（一時的な記憶）を長期記憶（定着した記憶）に変えるためには、短期記憶を思い出そうとする行為が必要だからです。脳の仕組みに基づけば、**一度勉強したことを忘れかけたあたりで反復学習**するのが、記憶を強くするためのコツだと言えます。

　また、記憶は、睡眠中に重要な部分だけを残して定着します。つまり、寝ている間に一部は忘れるものなのです。反復学習は、同じ日にするより、ひと晩寝てから忘れかけた記憶を呼び戻すように行うといいでしょう。

　反復練習は、単調な作業に感じてしまいがちです。私自身、同じことを繰り返し勉強するのは得意ではありません。しかし、ここは反復学習を楽しめるような工夫を取り入れてうまく乗り切りましょう。

例えば、私がよくやるのは、**一度勉強したことを周囲の人に説明することで復習する**方法。
「英語のこの表現、聞いたことある？」「この言葉、英語で何て言うか知ってる？」などと質問し、答えを説明するのです。勉強したことを思い出しながら一生懸命説明するので、絶好の復習になります。英会話を一緒に勉強している人がいるなら、お互いに勉強したことを説明し合うと、教わるほうも教えるほうもメリットがあるのでオススメです。

Part 1
今日から実践「英会話のコツ15」

正しいフレーズを身につけるだけでは英会話は上達しない

Introduction では、これから英会話を学び、スピーキング力を身につけていくために必要な心構えについてお話ししました。

ここからは、いよいよ本題である「英会話のコツ」をお伝えしていきたいと思います。

さて、まずは、**「自分が英語で外国人とスムーズに会話している様子」**をイメージしてみてください。理想とするのは、どんな姿でしょうか？

おそらく、皆さんは今、外国人と談笑している自分や、会話が止まることなくどんどん盛り上がっていく様子をイメージされたのではないかと思います。

そう、そもそも私たちが英会話を学ぶのは、「外国人とコミュニケーションを取るため」です。適切な関係を構築し、友情を育んだりビジネスで自分が望む対応をしてもらったりすることこそ、英会話学習の「ゴール」だと言えます。

ところが、一般的な「英会話の勉強」では、テキストにきれいにまとめられた会話文を学び、正しい単語やフレーズをたくさん覚え、「文法などのミスが1つもない英語を話せること」を目的にしてしまいがちです。このような勉強だけでは、正しい英語の

フレーズは身につくかもしれませんが、本当に皆さんが必要とするスピーキング力を伸ばすことはできません。

　ネイティブでも、書き起こしてみると文法ミスがあることはしばしばあります。必要なのは、ミスなく話す力ではなく、英語で**「会話を弾ませる」**力。単に相手の質問に正しく答えたり、自分が言いたいことを言えたりするだけでは足りないのです。

初心者でもすぐ身につけられる「英会話のコツ」とは？

　皆さんが英会話学習の正しい「ゴール」を目指すには、ちょっとした「英会話のコツ」を身につけることが重要になります。

　ここで私が言う「英会話のコツ」とは、**気持ちの良い会話のキャッチボールができ、さらに会話を弾ませ、相手との関係性をどんどん良くしていく方法**のこと。

「英語がペラペラに話せるわけでもないのに、そんな高度なことができるはずがない！」と思う方もいるかもしれませんね。でも、実は「英会話のコツ」は、どんな英会話初心者でもすぐ実践できるものばかりなのです。

　1つ例を挙げてみましょう。

　例えば、皆さんが初めて会った外国人から日本語であいさつさ

れたとします。

「私の名前はジョン・ミラーです。どうぞよろしくお願いします」
 "My name's Jon Miller. Nice to meet you."
とだけ言われるのと、それに加えて、
「ミラーというのは、あのミラービールと同じです。でも、実はビールよりは日本酒が好きなんですよ」
 "That's the same as Miller Beer. But I actually prefer sake to beer."
とひと言添えてもらうのとでは、どちらが親近感を抱きやすいでしょうか？

　面白みのある自己紹介をしてもらえ、「日本酒が好きだ」という日本人との共通項を教えてもらうことができれば、親しみはぐっと増しますよね。

　さらに、この後は、
「そうなんですね、日本酒は何がお好きですか？」
 "I see. Which sake brand do you like?"
というように会話が広がっていくことも想像できるでしょう。
　このようなあいさつができるかどうかは、語学力とはあまり関係ありません。難しい単語を知らなくても、長いフレーズで英語を話せなくても、「相手に心を開いてもらう方法」を知って、それを実践しさえすれば、"理想の英会話"はぐっと身近なものに

なります。

　では、相手に心を開いてもらうには、どのような方法が有効なのでしょうか？　印象に残る自己紹介や相手との共通項を見出すことはもちろん、ほかにも多くのポイントがあります。

　例えば、皆さんが仕事相手から、
「いつも丁寧に対応していただいてとても感謝しています」
　"I'm very appreciative of your thorough work."
と気持ちを伝えられれば、嫌な気持ちにはなりませんよね。
　「今日のプレゼンはいつも以上にわかりやすかったです」
　"Your presentation was even easier to understand than usual."
などと言われれば、嬉しくなるものでしょう。

　褒めたり認めたりされることは、人が心を開くきっかけになります。
　あるいは、皆さんが道に迷って困っているときに、
「大丈夫ですか、お困りでしたらご案内しましょうか？」
　"Are you all right? I could help you if you're lost."
と尋ねてくれる人がいたら、どんなに心強く思うでしょう。

　自分にメリットをもたらしてくれる人には、やはり心を開きやすいものです。

理想のスピーキング力を作るには
「人間同士の会話力」が必須

　ここまでお読みになって、首をかしげている方もいらっしゃるかもしれません。

「相手の心を開かせることは、英会話に限らず日本人同士でも必要なのでは？」

　おっしゃる通り。私がこれからお伝えしていく「英会話のコツ」の多くは、実は英語だけに限定されるものではなく、日本人同士の日本語の会話に応用できるものも、たくさんあります。
　なぜ英会話の本でわざわざこうしたコツをご紹介するのかと言えば、**日本語の会話を弾ませられない人が、英会話になったとたんに話を盛り上げることはできない**からです。
　まずは、日本人か外国人かを問わず、人間同士の会話であれば、どんな場面でも広く応用できる「会話のコツ」を押さえましょう。そのコツを踏まえたうえで、「英語ではどんな場面で、どんな表現をすればいいか」を学ぶことで、皆さんのスピーキング力は一気に理想に近づきます。

　もちろん、「相手の心を開くための英会話のコツ」の中には、

欧米の文化を踏まえたものも含まれています。

「日本人の常識」では取りにくい行動や態度が、ときには外国人の心をスッと開くカギになることもあるのが、「英会話のコツ」の面白いところ。こうしたカギをいくつか知っていれば、相手との距離をぐっと縮め、会話を弾ませやすくなるでしょう。

　基礎的なコミュニケーション力を高めることに加え、異文化への理解も深められれば、英語で社交的に会話する力がぐっと高まります。

英語が話せるだけでは、英会話を学ぶ意味がない

　私が「相手の心を開く英会話のコツ」にこだわるのは、単にスムーズに英語が話せるようになるだけでは英会話を学ぶ意味がないと思っているからです。

　例えばTOEICで900点を超えるようなスコアを取得し、海外メディアの取材に英語で答えられるほどの語学力があったとしても、希望する仕事が得られず外国人の友人1人作ることさえできないとしたら——。

　何度も繰り返しますが、英会話はコミュニケーションの手段です。大切なのは、英語をどのように使いこなし、相手と良いコミュニケーションを取るかということ。皆さんの真の目的はその先に

あるはずなのですから。

　私が同時通訳者として長く現場で仕事を続けられている理由の1つは、実はクライアントからの指名が多いことにあります。大変ありがたいことに、一度仕事をしたクライアントから、「また頼みたい」と言っていただくことがとても多いのです。

　私よりも高い英語力を持つ同時通訳者の方はたくさんいます。それでも指名してくださるクライアントが後をたたないのは、実は、通訳以外の場面で「相手の心を開く英会話」を心がけているからではないかと思っています。

　本書を手に取ってくださった皆さんには、私が実践してきたコツを余すことなくお伝えします。

　ビジネスかプライベートかを問わず、皆さんと会話した外国人が、
「また会いたい」
「もう一度、あなたと仕事をしたい」
そう言ってくれるスピーキング力をつけましょう。

　なお、これからご紹介する15の「英会話のコツ」については、まず一般的な考え方をご紹介しています。具体的な場面とその場面に応じた英会話の文例は、Part 2の実践ダイアログでしっかり解説していきます。

英会話の コツ 1 相手にメリットをもたらす

困っている外国人を見かけたら、迷わず声をかける

「相手にメリットをもたらす」というのは、困っている人を手助けしたり、相手が必要とする情報を伝えたりすることです。

人間は、自分にメリットをもたらしてくれる相手にはスッと心を開くもの。街の中で出会った外国人に声をかけて会話を始める際、「相手にメリットをもたらす」ところからスタートできれば、その後もスムーズに会話が進みやすくなります。

例えば、大きな都市では駅の切符売り場で困っている外国人をよく見かけます。

海外は電車があまり発達しておらず、車社会の街も多いので、そもそも「電車にどうやって乗ればいいのか知らない」という外国人も多いのです。ましてや、自動券売機は日本人でもどう使えばよいか戸惑うことがあるほど複雑なものもありますから、外国人にとっては鬼門と言っていいでしょう。

皆さんは、券売機の前で立ちつくしていたり路線図を見上げていたりする外国人を見かけたら、迷わず "May I help you?（お手伝いしましょうか？）" と声をかけてください。これは、英会話を練習する非常に良い機会になります。

　相手からすれば、自分が困っているときに「お手伝いしましょうか？」と声をかけられれば、それだけで嬉しく感じるものですから、スムーズに会話を始められるはずです。

　切符を買うお手伝いをするだけでなく、英会話上級者なら、券売機や路線図の使い方を説明してもいいかもしれません。

「路線図で目的の駅を見つけたら、その下に書いてある金額を見て、その金額分の切符を買えばいいんですよ」
"Once you find your destination on the train map, check the price shown underneath. That's the fare you need to purchase at the ticket machine."

「券売機には English というボタンがあって、それを押すと英語で表示されます」
"The ticket machine has an "English" button. Press that button to display the instructions in English."

などと話せば、相手に喜んでもらえるでしょう。Suica や PASMO などの IC カード乗車券の説明をしてもいいかもしれませんね。

意識していないとなかなか気づかないものですが、券売機の前で困っている外国人の姿は、本当によく見かけます。東京近郊にお住まいの方は、ぜひ一度、新宿や渋谷などの駅で券売機のあたりを観察してみてください。

　駅の券売機の近くで困っている人に声をかけるというのは、手助けを申し出て喜ばれることが非常に多いシチュエーションです。

「外国人に自分から声をかけたことがない」
「声をかけて会話が続かなかったらどうしよう」
といった心配がある人は、英会話を実践する第一歩としてチャレンジしてみましょう。

　このほか、観光地などでは、地図を見て立ち止まっている外国人を見かけることもよくあります。

　道に迷っているようであれば、声をかけてどちらに行けばいいか教えてあげれば、それも相手にメリットをもたらすことになるでしょう。

> **会話例 ▶▶** ◆ **Part 2** ◆ **Scene 1-01 〜 02**（P.112 〜 115）、**2-06**（P.138）

飛行機で隣に座った人に、オススメ情報を伝えてみる

「メリットをもたらす会話」を実践できる場面はほかにもあります。

例えば、皆さんが飛行機に乗ったとき、隣に外国人が座ったとしましょう。これもよくあるシチュエーションですが、うまく活用すれば良い英会話実践の場になります。

　このような場面で初対面の相手と会話を弾ませるには、まず相手にとって何がメリットかを考えてみます。もし相手が出張で日本に来ている外国人ビジネスマンだったら、

「観光できる時間はありますか？」
"Do you have time to see Tokyo?"

と聞いてみてはどうでしょうか。

「金曜日の午後から土曜日の昼の便で帰国するまでの間、時間があります」
"I do, from Friday afternoon until my Saturday noon return flight."

などと相手が答えたら、その予定に合わせて観光のオススメ情報を教えてあげるのです。

「それなら、金曜の午後は浅草寺と浜離宮に足を運ぶといいですよ」
"Then I recommend going to Sensoji Temple and Hamarikyu Garden on Friday afternoon."

「夜に遊びたいなら六本木に行けばいいレストランがあるし、クラブもあるから退屈しないでしょう」
"If you like going out, Roppongi is good as it has some nice restaurants and clubs. You won't be bored there."

「朝食は築地市場で食べるのがオススメです」
"For breakfast, I recommend Tsukiji fish market."
こういった具体的な情報は、喜ばれるもの。

私たちが海外で現地の人に「あそこはぜひ行ったほうがいいよ」などと勧めてもらえたら、「地元の人が勧めてくれるのだからいい情報かもしれない」と嬉しく思うでしょう。それと同じです。

会話を弾ませるには、常に相手の立場や状況を考えて話題を選びましょう。その際、「この人はどんな情報がほしいだろう？」と想像しながら話を進めることが大切です。

会話例 ▶▶ ◆ **Part 2** ◆ **Scene 1-06**（P.122）、**2-05**（P.136）、**6-08**（P.174）

Thanks!

〜すると
いいですよ

**相手にプラスになる情報を
1つ足すだけで会話が弾む**

英会話のコツ 2　相手を褒める

👆 人間は褒められ、感謝されることで「認められた」と感じる

　人間は、自分が「相手から認められた」と感じたときに心を開くものです。では、どうすれば相手に「あなたのことを認めています」と伝えることができるでしょうか？

　わかりやすく伝える方法の1つは、相手の良いところを見つけ、それを褒めること、相手に感謝の意を伝えることです。これは万国共通で言えることですが、褒められたり感謝されたりして嫌な気持ちになる人はいません。

　ふだん、褒めたり感謝したりすることに慣れていない方は、「面と向かって相手を褒めるのは何となく恥ずかしい」ということもあるかもしれません。しかし、ここは意識的にいつもなら心の中で「素敵だな」と思っていること、「こんなふうにしてもらえてありがたいな」と感じていることを、言葉にして伝えてみることを習慣づけてみてください。相手との距離がぐっと縮まるのを実感できるはずです。

褒めるときのポイントは、できるだけ具体的に表現することです。例えばビジネスの場で褒めるなら
「仕事ができますね」
といった言葉ですませず、

「いつも会議で全体の進行を考えながら発言してくれますね」
　"You always make statements after considering the overall flow of the meeting."

などと伝えるのです。言葉をつくして褒めると、相手に「お世辞ではなく本当に褒めてくれているんだ」と感じてもらうことができます。

褒めることで
相手との距離が縮まる

👉 知らない人に声をかけるときも、褒めるところから始める

　街の中で知らない人に声をかけるときも、相手を褒めるところから始めるのが1つの方法です。

　例えばカフェで隣の席に座った外国人に声をかけるとしましょう。ぱっと見て「声をかけてみようかな」と思えたとしたら、おしゃれな人だったり、感じが良さそうな人だったり、どこか「いいな」「素敵な人だな」と感じるポイントがあったはず。そこをきっかけにすればいいのです。例えば、

「素敵な靴ですね、どこで買ったんですか？」
"Nice shoes. I'm curious about where you got them."

などと声をかけられれば、言われた人は嬉しく感じるはずです。その後の会話も弾みやすくなるでしょう。

> 会話例 ▶▶　◆ Part 2 ◆ **Scene 3-04**(P.146)、**4-02**(P.152)

👉 褒めるポイントを見つけるには、相手のことを想像する

「相手を褒めるといっても、どこを褒めればいいか、なかなか思いつかない」という方もいらっしゃるかもしれません。特に仕事の場では、何事も「仕事だから当たり前」と思ってしまえば、褒めたり感謝したりするポイントは見つけにくいもの。

しかし、会話している相手のことを自分に置き換えて想像してみれば、ちょっとしたことでも褒めるポイントになりうることに気づくでしょう。

　例えば、あなたが海外から出張で日本にやってきた外国人と話しているとします。そんなときは、自分が海外出張に行くことを想像してみるのです。すると、
「日常の仕事をいったん止めて周囲の人に引き継ぎをしなくては」
「子どもに2週間も会えないんだな」
など、出張するにはその周辺でさまざまな準備や手続きが必要なことや犠牲にしているものがあることに思い至るでしょう。
　つまり、目の前にいる「海外から出張でやってきた外国人」は、そういった準備を経て、何かを犠牲にして来てくれていることに気づくわけです。それを当たり前のことだと思わず、言葉にして感謝の意を伝えてみましょう。

「2週間もオフィスを離れるとなると、引き継ぎも大変ですよね」
　"Two weeks away from the office! It must have been tough to arrange for others to cover for you."

「子どもの成長期という重要な時期に、日本にわざわざ2週間も来てくださってありがとうございます」
　"Thank you very much for coming all the way to Japan for two weeks while you're so busy looking after your kids."
などと伝えれば、相手は嬉しいと感じ、心を開いてくれるきっか

けになるはずです。

　こうした想像力を働かせられるようになると、褒めたり感謝したりするポイントはたくさん見つけられるようになります。いかにも「素晴らしいこと」でなくても、相手が当たり前にやってくれていることにお礼を言うだけでもいいのです。

「議事録を取ってくれて、ありがとう」
　"Thank you for taking the minutes."

「私の英語は聞き取りにくかったかもしれません。一生懸命聞いてくださってありがとうございました」
　"Thank you for trying so hard to understand my rather poor English."

　こんなふうにスッと相手を褒めたり感謝したりできるようになると、英語でのコミュニケーションがぐっとスムーズになるはずです。

英会話のコツ 3 相手と自分の共通項を見つける

「共通の話題」があれば、心の距離がぐっと縮まる

　初対面の相手と会話するときは、相手との共通項を見つけると、一気に心の距離が縮まるものです。

　帰国子女や留学経験者が外国人と会話をしているのを聞いていて感じるのは、彼らが外国人とコミュニケーションを取りやすいのは、英語が上手だからということに加えて、共通項がすぐ見つかるのも理由の１つだということです。海外生活の経験があるというだけで、

「どこに住んでいたの？」
「その町なら私も行ったことがあります」
「あの大学はランチがおいしいよね」

などと会話の糸口になる共通項が見つかりやすいのです。

　ここで「海外生活の経験なんてないし……」などと落ち込む必要はありません。共通項は、海外生活の有無に関係なく、好きなスポーツや映画など、探せば何かしら見つかるものです。

また、共通項とまで言えるものでなくても、お互いに何か共感できるポイントを探して話のタネにすれば、同様の効果が得られます。
　例えば、

「スティーブ・ジョブズの映画は観ましたか？」
　"Have you seen the movie about Steve Jobs?"

「日本にも、アメリカ発祥の動画配信サービスhuluがあるんですよ。あれは便利ですよね」
　"We have hulu, the American video-on-demand service, in Japan as well. It's so convenient."

などと話を振ってみれば、それをきっかけに、
「映画は観ていないけれど、ジョブズの本は読みましたよ」
「huluは使ったことがないんですが、ドラマを観るのは好きです」
などというように、何か相手と共通する体験や趣味が見つかるかもしれません。そうなれば、しめたものです。

会話例 ▶▶　◆ Part 2 ◆ **Scene 1-07**（P.124）、**5-01**（P.156）

共通項を見つけるために、相手のことを想像する

　共通項や共感できる話題を見つけるには、相手が興味を持っていそうなこと、相手の属性などから、経験していそうなことを想像してみるようにしましょう。

　例えばアメリカ人男性が相手なら、スポーツの話が嫌いという人はあまりいないものです。また、日本のことを話すなら、最新の電子機器の話題に興味を持つ人も多いので、話題にしてみてもいいでしょう。電子機器が好きそうだとわかったら、「最新のiPhoneについてどう思いますか？」などと聞いて、相手の話を引き出してもいいかもしれません。

　あるいは、海外出張が多いビジネスパーソンの場合、航空会社の話は共感できるポイントが多いもの。

「ABC航空は機内が寒いですよね」
　"ABC keeps temperatures quite low on their flights, don't you think?"

「XYZの機内食はあまりおいしくないと思いませんか？」
　"I found XYZ's inflight meals not so agreeable. What do you think?"

「イスラエルに出張したことはありますか？　フランクフルトで乗り換えると、空港の果てまで歩かなくてはならないんですよね」

"Have you ever traveled to Israel via Frankfurt? I had to walk forever to the very edge of the airport to transfer."

などと出張の飛行機でよくある体験談を話すと、そこから会話が盛り上がることが少なくありません。

また、健康志向のエグゼクティブは男女問わず和食好きが多いもの。お寿司など日本料理の話をすると、そこから「どこのお店がオススメですか？」などと聞かれて会話が弾みます。和食を共通の話題にしながら、いいお店の情報を伝えて「相手にメリットをもたらす会話」もできますね。

もちろん、世界の時事なら、格好の「共通の話題」になります。

> **会話例 ▶▶** ◆ Part 2 ◆ Scene 3-02 〜 05（P.142 〜 149）

**相手との共通項が見つかれば
会話がどんどん広がる**

英会話のコツ 4 相手の家族について話す

👉 「家族の話」が喜ばれる欧米社会

　日本では、「プライベートな話に踏み込むのは親しくなってからにすべきだ」という考え方があります。出会ったばかりの人に
「ご家族はいますか？」
「お子さんはいますか？」
などと尋ねるのは、失礼にあたると考えている人も多いでしょう。
　しかし、欧米ではプライベートな話に踏み込んでお互いのことを知ろうとするのはごく普通のことです。それどころか、家族の話は非常に喜ばれるもの。

　海外のお客様は、私の結婚指輪を見ると「ご家族は？」と聞いてくれます。不思議とそこから、お互いのプライベートな話になり、私の心も開いてしまいます。
　このように「家族の話」は、**世界トップクラスのビジネスパーソンが実践する「相手の心を開く方法」**なのですから、これをまねしない手はありません。皆さんも、初対面の相手と会話する際

は、

"Do you have any family?"（家族はいますか？）

などと気軽に尋ねてみましょう。結婚指輪をしている方には、配偶者のことを聞いても OK です。

> 会話例 ▶▶ ◆Part 2 ◆ Scene 6-02（P.162）

🫵 スマホの壁紙やパソコンのスクリーンセーバーに注目

　スマートフォンの壁紙やパソコンのスクリーンセーバーに、家族の写真を設定している外国人は少なくありません。職場でデスクに家族の写真を飾っている人もたくさんいます。

　皆さんが外国人と会話していると、こうした写真が目に留まることもあるでしょう。その場合はすかさず、

「これは誰ですか？」

　"May I ask who this is?"

と聞いてみましょう。大事にしている人だからこそ、写真をいつでも見られるようにしているのです。会話を盛り上げる絶好のきっかけになります。「あまり突っ込んだ話はしないほうがいいかな」などと遠慮する必要はありません。

「お名前は？」

　"What's their name?"

「今、おいくつですか？」
"How old are they now?"
など、どんどん尋ねましょう。

「娘さんなんですか？　目があなたとそっくりですね」
"She's your daughter? She has your eyes."

「素敵なお名前ですね」
"That's a nice name."
などと会話を広げれば、自然に相手の心も開いていくでしょう。

　もちろん、皆さんも自分の家族の話をどんどんしてください。写真を持っているなら、それを見せたりすれば話はさらに盛り上がるはずです。

会話例 ▶▶　◆ **Part 2** ◆ **Scene 6-04**（P.166）

Yes!

Your daughter?

**家族の話題は
オフィスでも潤滑剤になる**

英会話のコツ 5 あいづち上手になる

👆 相手の言葉に反応を見せると、話が自然に盛り上がる

　講演会などで、登壇者が登場する前に司会者が聴衆に向かって話しかける場面をよく見かけます。
「今日、お話ししてくださる〇〇先生はたくさんのベストセラーがあり……」
などと話すことで、司会者は聴衆の期待を高め、「早く話を聞きたい！」という気持ちを抱かせるのです。

　このように場を盛り上げるのは、実は聴衆のためではありません。聴衆の「聞く姿勢」を作っておくことで、話し手がうまく波に乗って話せるようにするのが目的です。人は、聞き手が関心を持っていることがわかると話しやすくなるもの。その心理を利用して、事前に"場を暖めておく"わけです。

　TED（さまざまな分野の最先端で活躍する人々によるプレゼンテーションの場を設けるアメリカの非営利団体）のようなスピーチの場で、登壇者が聴衆を褒める場面もよくあります。これも、聴衆を喜ばせることが目的なのではなく、聴衆が反応しやすい雰

囲気を作り、ひいては自分が話しやすい空気に持っていくための方法です。

これは、講演会のような場でなくても、普通の会話にも応用できる考え方です。皆さんが会話の中で「聞き手」になるとき、相手に対して、

「あなたの話に関心があります」

「興味深い話を聞かせていただいています」

という思いを伝えることができれば、それだけで会話がぐっとスムーズになるのです。

●あいづちフレーズの一例

Yes.	はい	That's great.	それはすごい
Right.	その通り	That's wonderful.	それは素晴らしい
Really?	本当に？	I'm happy for you.	よかったですね
Wow!	へえ！		

あいづち上手になれば、話しやすい空気ができる

私自身がかつて営業の研修を受けたとき、研修の講師の指示で、「自分の話に相手がまったく反応を示さない状況」と「相手が大きくうなずいたり、『なるほど』と声を出したりして反応を見せる状況」で同じトークをするという実験をしたことがあります。

その結果は、驚くほど大きな違いがありました。相手が大きく反応してくれるほど、話し手の言葉の数が増え、話がスムーズに広がっていったのです。

**あいづちすると、話しやすくなる
＝英会話の実践量が増える**

　英会話では、ただ英語の正しいフレーズを言えるようになることではなく、会話を弾ませることが重要であることを先にご説明しました。この考え方からすると、相手が話しやすい空気を作ることは「英会話」の大事なポイントの１つと言えます。

　では、話しやすい空気を作るためにはどうすればいいのでしょうか？

　簡単にすぐ実践できるのは、相手の目をしっかり見てあいづちを打つことです。黙って話を聞いていたり、表情がろくに動かなかったりすると、相手はだんだん話しにくくなっていってしまいますから注意しましょう。

　気の利いたあいづちが打てなくても、まずは声を出してうなずいていればOK。話し手が、
「自分が話していることには価値がある」
と感じ、心を開いてくれることが重要なポイントです。

会話例 ▶▶ ◆ **Part 2** ◆ **Scene 1-04 〜 05**（P.118 〜 120）

英会話の コツ 6 相手の言葉に素早く反応する

相手が話している最中にどんどん反応を

　会話の相手が気持ちよく話を続けられるようにするためのコツの1つは、相手の言葉に素早く反応することです。
　例えば、皆さんが街の中で日本に旅行でやってきたとおぼしき外国人に声をかけたとします。

「どちらからいらしたんですか？」
　"Where are you from?"
と尋ねて、相手が
「カナダです。昨日着いたばかりで……」
などと話し始めたら、「カナダです」という言葉を聞いたところですぐに、
「ああ、カナダからなんですね！」
　"Oh, you're from Canada!"
といった言葉を返すのです。

会話の相手が話しているときに言葉を挟むのは良くないという考え方もありますが、話の腰を折らない程度であれば、できるだけスピーディーに反応を示したほうがいいと思います。というのも、素早く反応することで、相手は、
「自分が言ったことを相手が正しく理解してくれている」
「相手の期待に応えられる話をしている」
「相手が反応するような、興味を持ってもらえる話ができている」
などと感じ、調子よく話を続けられるようになるからです。

　このコツは、私自身が渋谷で外国人に声をかけてインタビュー（98〜112ページ）を実施した際、録音していたインタビューの音声を後で聞き返す中で気がつきました。
「バルセロナの航空会社に勤めています」
と言われればすかさず、
「2年前にバルセロナに行きました！」
と返すなど、私はいつも相手の言葉にスピーディーに反応していたのです。あまり意識せずにやっていたことなのですが、私が反応を示すたびに、相手がどんどん饒舌になっていったことがインタビュー音源から確認でき、これはコツとしてご紹介すべきだと思いました。

会話例 ▶▶　◆ **Part 2** ◆ **Scene 1-07**（P.124）

「反応」は、うなずくだけでも OK

　反応を示すときは、相手が言ったキーワードを繰り返したり、短く感想を言ったり、自分にも共通項があることを伝えたりするのが効果的です。すると、
「話している内容がきちんと伝わっている」
と相手に思ってもらうことができます。
　しかし、英会話の実践にチャレンジし始めたばかりという人の場合、なかなかスピーディーに言葉を出すのは難しいものでしょう。
　そのような場合は、先にご紹介したコツ⑤「あいづち上手になる」（62ページ）を思い出してください。何より大切なのは、反応の中身ではなく、相手に、
「私はあなたの話に反応していますよ」
「そう、今あなたが話していることこそ、私が聞きたかったことです」
といったメッセージを伝えることです。
　そのためには、大きくうなずいたり、聞きたかったポイントが聞けたときににっこり笑ったりなど、相手がすぐわかる反応を「見せる」だけでもいいでしょう。ただし、よくわからないのにニヤニヤしてしまうのは日本人の悪いクセ。これは、いいかげんとしか見られませんのでやめましょう。

英会話のコツ 7　相手の状況を知り、配慮を示す

相手のちょっとした特徴や様子から、どんな人かを考える

　会話を弾ませるコツとして特に重要なのは、相手の様子や特徴からどんな人なのかを考え、会話の中で相手への配慮を示すことです。

　例えば、海外から出張で日本にやってきた外国人の男性が筋骨隆々とした方だったとしましょう。そういった体型を維持できているのは、ストイックにトレーニングをしているからだろうと考えることができますよね。海外出張もこなすような多忙なビジネスマンなのに、トレーニングの時間も取っているというのは自己管理ができる人なのだと言えるでしょう。
　こうした特徴を積極的に読み取ったら、

「お忙しいはずですが、どうやってトレーニングの時間を作っているんですか？」

"You must be busy, so how do you make the time to work out?"

などと尋ねてみましょう。すると、
「朝4時に起きて、5時からジムで運動するのが習慣になっているんです。その後、会社で7時から会議ですよ」
などと会話が展開していくはずです。

　このように相手が努力している点、頑張っている点に気づいて話題にすることは、相手へ配慮を示す方法の1つです。

　別のパターンも考えてみましょう。
　海外出張で日本にやってきた外国人男性が、かなり恰幅の良い方だったとしたら、皆さんはどんな会話をしますか？　もちろん、体型について触れるのはこの場合はNGです。見えていることから、その背景を想像してみましょう。
　私なら、相手は忙しいビジネスマンですから、ストレスがたまるとつい食べすぎてしまうタイプかもしれないと考えます。会話の端々に「疲れた」といったセリフが出てくることもあるかもしれません。このような相手には、ストレス発散のために愚痴を言いやすくなるような質問をするのがオススメです。

「長いフライトでお疲れではありませんか？　そのうえ1日中会議ですから大変ですよね」

　　"You must be exhausted from the long flight, and on top of that you're here for an all-day meeting. That must be tough."

　こんなふうに言葉をかけられれば、相手も
「さすがに疲れましたよ」
などと口にして、肩の力を抜くことができます。

「夜は何かおいしいものを食べたいですよね。お店を探しておきましょうか？」

"I think you'll want some really good food tonight. Should I look for a nice restaurant?"

などと話を広げれば、食べるのが好きな相手なら会話が弾みやすくなるに違いありません。

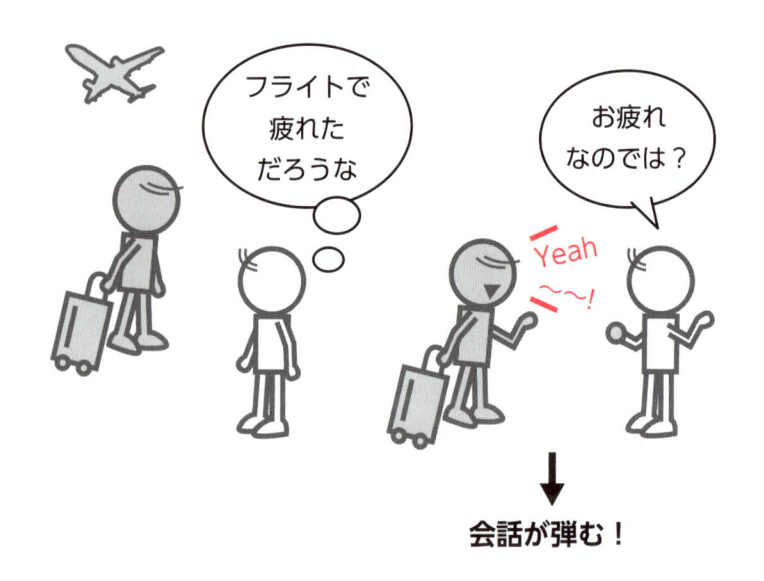

会話が弾む！

会話例 ▶▶ ◆ Part 2 ◆ Scene 6-03 (P.164)

では、同様のシチュエーションで、ブランド物で全身を固めている人だったら、どんなふうに声をかけるのがいいのでしょうか。

男性の場合、イメージを大切にし、醸し出したいと思っている

明確なイメージを持っている人であることが想像できます。このような人には、できるだけそのイメージに沿った褒め言葉を伝えるのが効果的でしょう。

「先ほどのスピーチは、事例が秀逸でした。従業員もやる気になったと思います」

"You presented a great example in your speech. I'm sure it helped to motivate our team."

などと、できるだけ具体的に褒めるのがポイントです。

レストランで外国人に声をかけるとしたら……

こうした配慮をする習慣を身につけると、どんな相手にも応用することができます。

例えば、レストランで隣の席に身なりの良い外国人が座ったとしましょう。英会話を実践するチャンスです。さて、皆さんはどんなふうに声をかけますか？

私なら、きちんとした身なりの人は事業で成功しているタイプの人が多いものですから、

「素敵なオーラをお持ちですね。どんなお仕事をなさっているのか知りたいと思ったのですが、おうかがいしてもいいですか？」

"I'm sorry, but curiosity got the better of me. May I ask what line of business you're in? You have such a beautiful aura."

と聞いてみます。

少なくとも、こんなふうに言われて嫌な気持ちになる人はいないでしょう。それに、相手がどんな仕事をしているかを聞くことができれば、そこからどんどん話を広げていくことができます。

　次に、和食レストランで外国人客が隣の席に座ったとしましょう。声をかける前に、ちょっと様子を見てみてください。例えば、あんきもや白子などの珍味を好んで注文していたら、和食がかなり好きな日本通の外国人だとわかります。
　このような場面では、私なら、

「白子を食べられるなんて、通ですね！」
"You're ordering *shirako*? Quite a gourmet!"

と声をかけます。自分が好きなもののことをよくわかっている人に話しかけられれば、心を開きやすいもの。

「和食レストランはほかにどんなところに行きましたか？　私がオススメのお店は……」
"Which other Japanese restaurants have you been to? I recommend..."

などと会話を展開させれば、相手も喜んで話し相手になってくれるでしょう。

会話例 ▶▶　◆ **Part 2** ◆ **Scene 6-06 ～ 07**(P.170 ～ 173)

相手を輝かせる言葉や質問を考えてみる

　会話の相手に配慮を示すには、「どんな言葉や質問なら相手が輝くか」を考えてみることも大切です。

　例えば、仕事で出会った外国人女性がピンヒールを履き、シャキッとした姿勢で闊歩（かっぽ）していたとしましょう。本当なら疲れた様子になってもおかしくないのに、格好いいですよね。こんなふうに素敵だなと思えるところを見つけたら、

「いつもそんなヒールなんですか？　格好いいですね」

"You wore those heels the whole time? Wow, my hat goes off to you!"

などと声をかけてみましょう。

　同様に、相手が男性なら、身につけている時計や靴、乗っている車について良いと思ったところを褒めてみてもいいかもしれません。

> **会話例 ▶▶** ◆ Part 2 ◆ **Scene 3-04**（P.146）、**4-02**（P.152）

英会話のコツ8 笑顔で会話する

やっぱりあなどれない！笑顔の威力は世界共通

　英会話のコツ、8つ目は「笑顔で会話する」です。

　笑顔が大事とはよく言われることですが、素敵な笑顔が人の心を開くことについては世界中どこに行っても同じ、というのが重要なポイント。英会話を実践するとき、たとえスムーズに話せなくても、明るい笑顔を浮かべていればコミュニケーションの大きな助けになるでしょう。

　私自身、笑顔に関しては忘れられない思い出があります。出張でアメリカの航空会社の便に乗ったとき、1人のキャビンアテンダントがずっと素敵な笑顔を浮かべていたのです。まるでその笑顔のまま生まれてきたかのように自然な笑顔のおかげで、長時間のフライトも、とても快適に感じました。

　一般に、アメリカの航空会社ではキャビンアテンダントがぶっきらぼうなことがよくあります。私もそれに慣れきっていたのですが、笑顔で接してもらうだけで疲れ方まで違ってしまうことに、

「これが本当の笑顔の力なんだな」と驚かされたものです。

　通訳の仕事でも、笑顔は大事だと言われます。「通訳中に無理に笑わなくてもいいのでは？」と思われるかもしれませんが、私はフリーの通訳者になるとき、著名な通訳者の大先輩から「とにかく笑顔で通訳を」とアドバイスをいただきました。

　このアドバイスを実践し、笑顔を心がけて通訳をするようになってからというもの、クライアントから「また頼みたい」とリピートしていただくことが間違いなく増えました。笑顔のパワーというのは、本当にあなどれないものなのです。

心からの笑顔を浮かべるために、相手の良いところを見る

　笑顔を浮かべるのが苦手だという人は、英会話のコツ②（50ページ）を思い出し、相手の良いところ、褒めたくなるようなポイントを探してみましょう。
「雰囲気が良い人だな」
「服の色が素敵で、よくお似合い」
「うなずきながら話を聞いてくれる様子が素敵」
こんなふうに相手の良いところに目を向けると、笑顔が出しやすくなります。無理に口角を上げて作った笑顔より、ずっと自然な表情で微笑みかけられるでしょう。

　素敵だと思ったことを笑顔で口にすれば、会話が弾みやすくなるはずです。

英会話の　コツ 9

自己紹介上手になる

相手に強い印象を残すような自己紹介を

　ビジネスの場で自己紹介する場合は、相手に強い印象を残して一発で覚えてもらえるようにすることが大切です。

　自己紹介というと、中学校で習った表現を使って
"Nice to meet you. My name is ..."
と型通りに済ませてしまう人が多いのではないかと思いますが、これではなかなか相手に印象を残すことができず、会話も弾みにくいでしょう。できれば、ほかの人とは違った表現を使い、印象を強くすることを心がけたいものです。これはそれほど難しいことではなく、まずは名前を伝えるのに、
"I'm Yayoi Oguma."
"Yayoi Oguma is my name."
などと言い換えるだけでもいいでしょう。名前の意味を英語で説明できるように事前に考えておいて、

「3月生まれの小さな熊という意味なんです」
"It means a little bear born in March."

などと名前を伝えるときにひと言添えてもいいですね。相手が面白がってくれるような説明ができると、より強く印象を残すことができるでしょう。

　また、自己紹介をする際、自分の仕事を説明するには、
「私は幼稚園の先生です」
"I'm a kindergarten teacher."
などと職業を言うより、
「子どもたちを楽しませるプロなんです」
"I entertain kids professionally."
といったように、より具体的に伝えたほうが相手に印象を残しやすくなります。

より強い印象を残す！

街の中で外国人に声をかけるときも自己紹介が重要に

　街の中で外国人に声をかける場合や、プライベートなパーティーなどで初対面の人と会話する場合も、自己紹介は大変重要なポイントになります。最初はお互いのことをまったく知らない状況にあるわけですから、相手はいくばくかの警戒心を抱いていると考えるのが自然でしょう。

　こうした場面で自己紹介をする際は、相手に「自分が何者なのか」を早い段階で伝えるようにします。

「私は通訳の仕事をしていて、書籍も出しています」
"I'm an interpreter and also write books."

「航空会社で働いています」
"I work for an airline."

などというように、端的に職業を伝えるのが効果的です。

　もしも皆さんがグローバルによく知られている会社に勤めていたり、あるいはそういった企業と深い関わりがある勤務先であったりするのであれば、そのことも積極的に相手に伝えましょう。

「三菱グループの会社で働いています」
"I work for Mitsubishi."

「車のシートベルトを作っている会社で働いています。トヨタの車にも搭載されているんですよ」

"I work for a seatbelt manufacturer. Our seatbelts are used by Toyota."

などと相手が知っている会社にひもづけて説明できると、警戒心を解きやすくなるはずです。

　また、街の中で外国人に声をかけるときは、なぜ声をかけたかについてもあわせて伝えると、相手に安心してもらえます。例えば私が渋谷の街でインタビューをした際は、
「今度出す書籍のための調査をしています。日本に来ている外国人に、街中でこうして声をかけられることについてどう感じるかを聞いているのですが、ご協力いただけますか？」
といったように最初に目的を伝えていました。あるいは、先にも同様の例を挙げたように、

「雰囲気が素敵なのでどんなお仕事をされているんだろうと思ったんです。お話を伺ってもいいですか？」

"You seem so nice, which got me wondering what you do for work. May I ask?"

「素敵なバッグですね。どちらで買ったのか聞いてもいいですか？」

"That's a nice bag. May I ask where you got it?"

などと、相手に興味を持った理由が伝わるような説明してもいいでしょう。

会話例 ▶▶ ◆ **Part 2** ◆ **Scene 1-07**(P.124)、**3-04**(P.146)、**5-01**(P.156)

英会話の コツ 10 発声はお腹から、発音は正確に

会話が続かない理由は、声が小さいせいだった!?

　通訳の仕事をしていると、日本人はアメリカ人などと比べて一般に声が小さいことに気づきます。

　アメリカ人がお腹から声を出して英語を話すのと比べると、日本人は胸式呼吸ですし、「大きな声で話すのはうるさくて品がない」と感じる方も多いようです。そのうえ、英語で話すことに自信が持てないと、余計に声が小さくなってしまうようです。

　この「声の小ささ」、英会話の上達を阻害していることも少なくありませんから、注意が必要。外国人と英語で話していて、声が小さいために相手から聞き返されると、「自分の英語では通じなかった」と思い込んでしまうケースが多いのです。例えば、外国人と英語で会話していた日本人から途中で、「通訳さん、ちょっと来てください」と呼ばれ、「大きな声で言い直せばちゃんと伝わるのに、もったいないな」と感じた経験がたくさんあります。

　皆さんが英会話を実践するときは、意識的に「お腹から」「大

きな声で」話すようにしてください。会議室で話すなら、会議室の隅にいる人にもクリアに聞こえるくらいの声で話しましょう。イメージとしては、カラオケで盛り上がっているときくらい、思い切り大声にしてみてもいいと思います。あるいは、子どもの頃にやったお遊戯会のようなイメージで、ステージから観客に声を届けるような意識を持ってみてください。

　ふだん胸式呼吸で話している人がお腹から声を出して英語を話すと、それだけで英語らしい発音に聞こえます。また、発音が多少悪くても、声が大きければ相手に聞き取ってもらえる可能性は高まります。常に「お腹から大きな声で」を意識して英会話に臨みましょう。

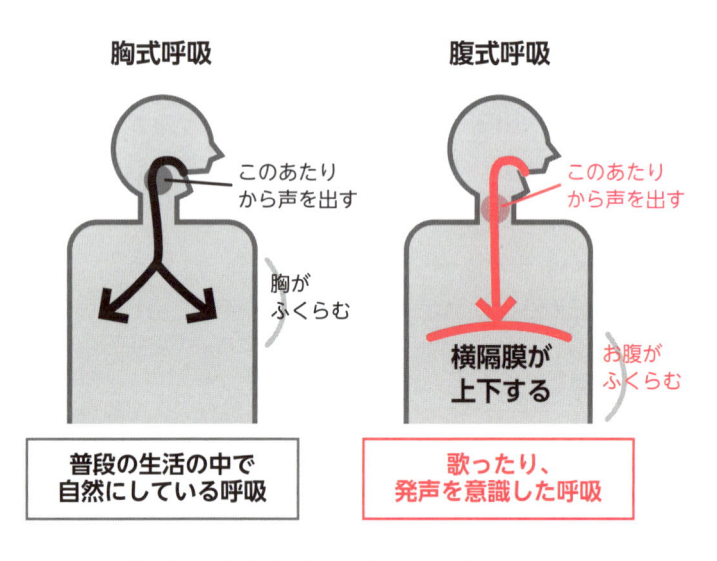

胸式呼吸
- このあたりから声を出す
- 胸がふくらむ
- **普段の生活の中で自然にしている呼吸**

腹式呼吸
- このあたりから声を出す
- 横隔膜が上下する
- お腹がふくらむ
- **歌ったり、発声を意識した呼吸**

英語の発声上「お腹から大きな声で」を意識する！

聞き取ってもらいにくい言葉は、発音を修正する

　大きな声で話しても相手から聞き返されてしまう場合は、発音が正しくないために聞き取ってもらえていない可能性があります。発音がパーフェクトでないからといって恥ずかしがることはありませんが、うまく伝わらないところは正しい発音を確認して修正していくようにしましょう。

　特に注意が必要なのは、カタカナ語になっている英語です。「テーマ（theme）」のように、日本語の発音と英語の発音がまったく異なるものも少なくありません。発音が怪しい単語は「Google 翻訳」で検索すると音声を聞くことができますから、再生して確認するようにしましょう。

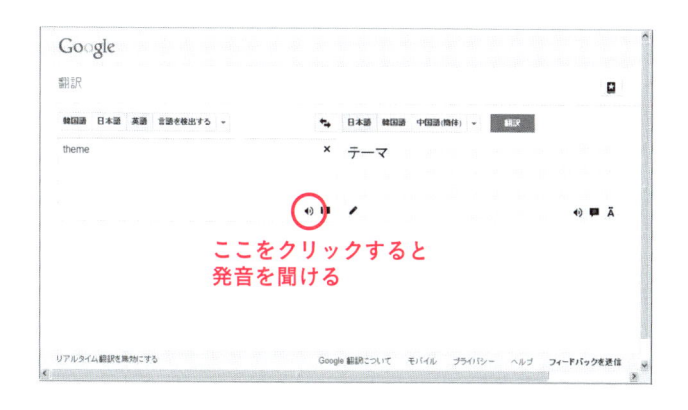

ここをクリックすると発音を聞ける

英会話のコツ 11 自分の土俵に相手を引きずり込む

相手のペースを自分に合わせてもらうには

　私は、世界ナンバーワンコーチと言われるアンソニー・ロビンズの講演で通訳を務めた経験があります。

　アンソニー・ロビンズは、非常に早口で勢いのある話し方をすることで有名です。講演中はもちろん、ステージに上がった参加者と会話をするときも、彼は自分のペースを崩さず矢継ぎ早に言葉を繰り出すのがいつもの光景です。

　ところがあるとき、そんなアンソニー・ロビンズが思わずゆっくり話し始めた場面を目撃しました。そのとき、彼はスペイン人の女性とステージ上で話していたのですが、女性は英語がそこまで得意ではなかったようで、アンソニー・ロビンズの言っていることがよく理解できないようでした。

　彼のような大物の話の腰を折るのはなかなか勇気がいりますから、あいまいにうなずいてやり過ごしてしまうこともできたでしょう。しかし、その女性は首をかしげてにっこり笑うと、アンソニー・ロビンズにひと言、

"Pardon?（もう一度言ってもらえますか？）"
と言ったのです。

　すると、驚いたことにアンソニー・ロビンズはいつものような早口をやめ、彼女に向かってゆっくりと話し始めました。おそらく、彼女が笑顔で屈託なく聞き返す様子を見て、思わずペースを合わせてしまったのでしょう。

　英会話にまだ自信が持てないと、相手が早口で話している場合でもついそのままやり過ごしてしまうケースが少なくありません。しかし、わからないからといってあきらめてはいけません。このスペイン人女性のように、相手を自分のペースに引きずり込むことができれば、しっかりその後の会話を広げていくことができます。

「ゆっくり話してください」と頼んでも大丈夫

　私自身、自分が相手のペースについていけないときは、はっきりとそのことを伝えるようにしています。

　例えば外国人の裁判官の通訳をする場合、いくら事前にみっちり勉強していても、裁判官ほどに法律用語がわかるようになれるわけではありません。このようなときは、率直に、

「法律用語は、私のような一般人にもわかるように説明していただけますか？」

"Could you please explain the legal jargon so that a lay person such as myself can understand?"

などとお願いするのです。

このように、自分がわからないこと、できないことを率直に明かすと、相手はこちらのペースに合わせてできるだけわかりやすく話そうとしてくれるもの。聞き取れるふりや、わかるふりをすることなく、不要なプライドを捨て、できないことはできないという姿勢を持つことが円滑なコミュニケーションの助けになるということを覚えておいてください。

英会話でスピードについていけないときは、

「ゆっくり話していただければ理解できるので、スピードを落として話していただけますか？」

"If you speak slowly, I can keep up. So would you mind slowing it down?"

「わからないところは聞きますので、言い換えていただけると助かります」

"I will ask if I don't understand, so if you could rephrase what you've just said when I ask, it would be really helpful."

などと笑顔で頼んでみましょう。嫌という人は、まずいないはずです。

会話例 ▶▶ ◆ Part 2 ◆ Scene 2-06 (P.138)

| Part 1 | 今日から実践 「英会話のコツ15」

✕

「何を言っているかわからない」

**自分の土俵にしないと
わからないまま会話が進む**

○

「ゆっくり話してもらえますか？」

「OK!」

**率直な会話をすると
相手が自分のペースに合わせてくれる**

英会話のコツ 12　具体的な質問をする

👆 相手が答えやすい質問を心がける

　会話を弾ませるには、質問するときに「相手が答えやすいか」「具体的かどうか」を意識することが大切です。

　例えば、IT技術者と会話をしているとき、急に、

「どうすればイノベーションが起こせるのでしょうか？」
"How do you cause innovation?"

と尋ねたとしましょう。

　この質問は非常に漠然としていて、どこから答えていいのか、聞かれた人はちょっと困ってしまうのではないかと思います。また、聞く人と答える人でイメージする内容が異なり、会話がかみ合わなくなることも起こりうるでしょう。聞いた人は革新的なソフトウェア技術について聞きたいと思っているのに、答えるほうは社会的なイノベーションを起こすようなITサービスについて答えようとするかもしれないのです。

　もちろん、お互いのバックグラウンドが共有できており、話の文脈に齟齬が発生しない状況であれば、多少質問が抽象的でも会

話がうまく進むこともあります。しかし、それほどお互いの理解が進んでいないなら、質問を整理して具体的に聞くことを徹底したほうがいいでしょう。

　相手に何を求めているのかを正しく伝えることは、相手から望む答えを得ることにつながります。望む答えを得られれば、お互いに「通じ合えた」という感覚が得られ、その感覚が会話を弾ませていくのです。

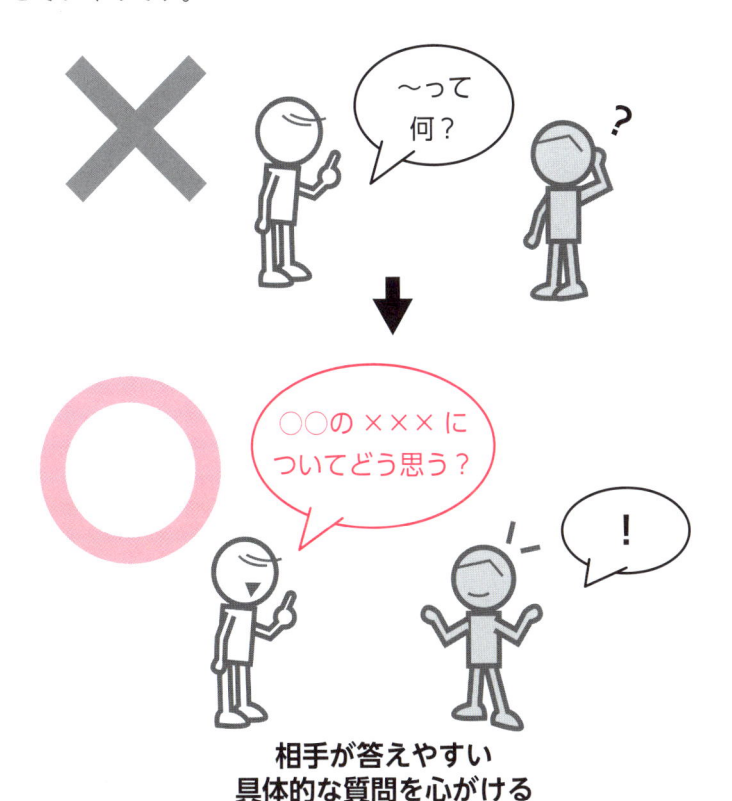

**相手が答えやすい
具体的な質問を心がける**

高校時代、学校での失敗

　具体的な質問が大切なのは、ビジネスの場に限らず、プライベートでも同様です。
　私は、高校時代に英語のクラスに教えに来たネイティブの先生に、

「アメリカ人は、どうしてみんなハリウッドの俳優みたいに格好いいんですか？」

"Why do all Americans look so cool just like Hollywood stars?"

と質問したことがあります。残念ながら、あまりに漠然とした質問に期待したような回答は得られず、会話はすぐに止まってしまいました。自分が答える立場になったら……と考えてみると、これはとても回答しにくい質問ですよね。
　街の中で外国人に声をかけるときも、漠然とした質問ばかり投げかけていると、なかなか会話が展開しません。相手がどんなふうに答えてくれるかイメージできる質問、答える立場になったとき、きちんと回答できる質問かどうかをよく考えるようにしたいものです。

英会話のコツ 13 おうむ返しに相手の発言を繰り返す

同じ言葉を口にすると、相手が安心する

英語に限らず、コミュニケーションに関する研修などでよく言われるのが、「相手の言葉をおうむ返しに繰り返すと、会話が弾みやすくなる」ということです。

例えば会話の相手が

「実は、2週間後にアメリカに行くんです」
 "Actually, I'll be going to the States in two weeks."
と言ったら、すかさず、

「まあ、2週間後にアメリカに行くんですね」
 "Oh, You're going to the States in two weeks."
などと同じ内容を繰り返すのです。

このような「おうむ返し」が効果的なのは、聞き手が言葉を繰り返すことで、話し手が「自分の発言を正しく受け取ってくれている」と確認できることが理由の1つです。

特に、もしも皆さんの英語があまり流ちょうでない場合、話し

手は、
「英語がそんなに得意ではないようだけれど、ちゃんと言ったことを理解してくれているかな」
と少し不安を感じながら話していることでしょう。そこで皆さんが相手の発言を繰り返せば、
「ちゃんと言っていることが通じている」
と安心することができます。会話の中でキーになる部分で発言を繰り返すと、より効果的です。大事なフレーズなら、多少長くても、そのままおうむ返しに繰り返してもいいでしょう。

　もしも相手の言っていることがよく聞き取れず、おうむ返しにできないときは、笑顔で、
"Pardon?"
と聞き返してみましょう。相手が言い直してくれて、言っている内容が理解できたら、今度はその単語やフレーズをおうむ返しにすれば、相手に「今度はちゃんとあなたの言っていることが理解できましたよ」と伝えることができます。

会話例 ▶▶　◆ **Part 2** ◆ **Scene 3-03**(P.144)

> | Part 1 | 今日から実践 「英会話のコツ15」

2週間行くのですね！

2週間行きます

おうむ返しで、相手は話が通じていると確認できて安心して話せる

Pardon?

×××××
×××××××

わからなければ Pardon? と聞き返して、言い直してくれたことをおうむ返しするのがオススメ

英会話のコツ 14
相手の立場を問わず臆せず会話する

👉 "お客さま"相手でもかしこまらず、楽しく会話を

　ビジネスの場では、相手のことを敬う気持ちが勝ってしまい、会話がよそよそしくなることがあるかもしれません。特に日本では、取引先や目上の人などに対しては「失礼がないように」という意識が強く働きがちです。フランクに話すべきではないと考えている方も多いのではないでしょうか。

　しかし、あまり堅苦しい空気を作ってしまうと、会話はなかなか盛り上がりません。特に外国人と話すときは、日本ほど相手の立場にこだわる必要はないと考え、楽しく会話しようと考えたほうがいいでしょう。

　私は通訳としてお仕事をいただく立場ですから、ビジネスシーンで外国人と会うときは、基本的に相手が"お客さま"ということになります。しかし、いつもあまりかしこまらず楽しく会話することを心がけています。なぜならば、そのほうが相手に喜んでもらえるからです。私がリピートで仕事を頼まれるケースが多いのは、相手とうまく会話を弾ませられているからだと思っています。

"偉そうな人"だからと遠慮する必要はナシ

「かしこまらずに臆せず会話する」というコツは、ビジネスシーンだけでなくプライベートでも意識しましょう。

例えば皆さんがバックパッカーのようなラフな格好で旅行に出かけたとしましょう。飛行機で隣に座った外国人が、自分よりずっと年上のビジネスマンだったとしても、「自分が声をかけるのは失礼かな」などと考える必要はありません。

"偉そうな人"が相手だからといって遠慮するより、せっかく隣の席に座ったのですから、笑顔であいさつしたりちょっとした会話を交わしたりするほうが、相手も「自分に注意を向けてくれている」と嬉しく感じられるものです。声をかけるのは、それ自体が相手に対する配慮であるとも言えるのだということを覚えておきましょう。

**雰囲気の違いに遠慮せず
気軽に会話を交わしてみよう**

英会話のコツ 15 自信を持ち、熱意を込めて話す

聞き手にエネルギーが伝わるような話し方を

　最後のコツは、「聞き手にエネルギーが伝わるような話し方をする」ということです。

　アメリカではよく「エネルギーをもっと出して話しましょう」などと言われます。

　例えば効果的なプレゼンテーションの方法を解説するセミナーなどで、「今のプレゼンはエネルギーが出ていて良かった」といった表現が使われることがあります。

　ミス・ユニバース・ジャパンを指導し世界大会に送り込んでいることで有名なイネス・リグロンは、ウオーキングのときも、「もっとエネルギーを出して！」とアドバイスしていました。

「エネルギー」というのは日本人にはなかなかわかりにくいと思いますが、勢いをつけて話したり、金切り声や大声を出したりすることとはだいぶイメージが異なります。

　あえて日本語で表現するなら「全力投球で聴衆に向かって訴え

るような話し方をすること」と言ってもいいかもしれません。もう少しわかりやすく言うと、「自信を持ち、熱意を込めて話す」ということではないかと思います。

皆さんも、「相手にしっかり伝えたい」という思いを持ち、「エネルギーを込める」ことを意識して英会話に取り組みましょう。

**伝えたい熱意を、全身にこめて
会話することを意識する**

Column

外国人に聞いてみました

——東京・渋谷スクランブル交差点、突撃レポート——

「外国人に街の中で声をかけて英会話を実践しましょう」と言われても、「急に声をかけて怪しまれたりしないか」と心配な人もいるでしょう。そこで、外国人に「街の中で急に声をかけられることについてどう思うか」を尋ねるインタビューを敢行しました。

選んだのは、東京・渋谷駅ハチ公口前の交差点。多くの外国人が行き交う場所で、交差点の写真を撮りに来る外国人も多く、声をかけて英会話を実践するには絶好のスポット。

インタビューの目標として、

1. どこから来たかを尋ねる
2. メールまたはFacebookでまた連絡を取らせてほしいと頼んで名前と連絡先を教えてもらう
3. 一緒に写真を撮ってもらう

の3つに挑戦。

多くの人が気持ちよく質問に答えてくれ、本に写真を載せてもよいと許可してくださいました。一緒に撮った写真とコメントを紹介します。

※コメントは取材時の会話をそのまま再現しているために文法的に正しくない表現も含まれている箇所もあります。ご了承ください。

| Column | 外国人に話を聞いてみました

Q 日本人の英語はヘタですか？

Vallue Reneさん
スペイン出身

日本には観光に来て2日目。

A 話し始めると、「みんな英語うまい」って思います！

Oguma: Can we speak to you for a second? Actually, I am conducting a research for my book. The book will be for the English learners to learn to welcome non Japanese guests.
A: Yeah.
Oguma: May I ask you some questions?
A: Sure.
Oguma: Is it OK to take a photo of you and me together?
A: Sure.
Oguma: OK, great. First question is how do you feel about me suddenly approaching you and speaking to you in English?

小熊：ちょっと話しかけてよろしいですか？　実は本のための調査をしていまして。英語学習者が来日観光客をお迎えするための学習書なんです。
A：いいよ。
小熊：いくつか質問してよろしいですか？
A：もちろん。
小熊：私と一緒に写真を撮っていただくのはかまいませんか？
A：ええ。
小熊：素晴らしい。最初の質問は、突然英語で話しかけられるのはどう感じますか？

A: That's something very unusual here. It is very difficult to find somebody who speaks English. But when they speak, they speak good English. I think they are just too shy.

Oguma: We want to change that. As the host country of the Olympics Games, we need to learn.

A: Just being more open helps. It is cultural.

A：ここではあまりないことですね。英語を話す人を見つけるのはとても難しいです。でも、英語を話すと、とても上手に話しますよね。ちょっとシャイなだけだと思います。

小熊：それを変えたいですね。オリンピックの主催国として、学ぶ必要があります。

A：ただもう少しオープンになれば大丈夫ですよ。それは文化的なことですから。

Q いきなり話しかけられるとどう思う？

Antoine Simardさん
カナダ出身

日本にいる友人を訪ねて、6週間の休暇中。

A もちろん嬉しいです

Oguma: Are you from UK?
A: No, I am from Canada.

小熊：イギリスからですか？
A：いえ、カナダです。

Oguma: Canada, great! I've been to Toronto before. Are you just visiting?

A: I have a friend of mine who works here. I am visiting here for two weeks.

Oguma: A two-week vacation is common in Canada?

A: I get six-week vacation.

Oguma: That's nice. How did you feel when I spoke to you suddenly.

A: Doesn't bother me.

Oguma: What if when you are lost or if you are looking for a place to go, a Japanese person walks up to you and offer you some help like "I will take you there." or "May I help you?" would that be a positive note?

A: Of course it is. Why that would not be?

Oguma: No, but a lot of Japanese people are so shy that they feel like, you know, we might offend them.

A: So it is a cultural differece. But good manners are good manners.

小熊：カナダですか、すごい！ 以前にトロントに行ったことがありますよ。旅行ですか？

A：ここで働いている友人がいまして。2週間滞在する予定です。

小熊：2週間の休暇はカナダでは一般的なのですか？

A：6週間の休暇を取りました。

小熊：それはいいですね。このように突然話しかけられてどう感じましたか？

A：特に気になりませんよ。

小熊：もしあなたが道に迷ったり、行くところを探しているときに、日本人が近づいてきて「連れていきますよ」とか「手伝いましょうか？」などと言われたら、好感を持ちますか？

A：もちろん。そうならない理由があるの？

小熊：いえ、でも多くの日本人はシャイで、ちょっと押しつけがましいかなと感じてしまうのです。

A：文化的な違いですね。でもいいマナーは（どこであろうと）いいマナーですよ。

Oguma: Exactly, as long as the heart is in the right place, welcoming you and it is not to rob you so anything just to help you, you know.

A: You are not going to rob me, are you?

Oguma: No!

A: (Laughter) I am kidding, I am kidding.

Oguma: If you don't mind giving me your email address and your name and it can be a nick name.

A: I don't mind.

Oguma: Thank you.

小熊：その通りです。心がこもってさえすれば。おもてなしているだけで、何かを盗ろうとしているのではなく、手助けしたいということなのですから。

A：僕から何か盗るんじゃないでしょうね？

小熊：いいえ！

A：(笑) 冗談ですよ、冗談。

小熊：もし差し支えなければ、メールアドレスとお名前、もしくはニックネームでも、お教えくださいますか？

A：いいですよ。

小熊：ありがとう。

Part 2

場面別
実践ダイアログ

✦ ダイアログの使い方&実践法 ✦

　Part 2では、この本のコンセプトに沿ったダイアログ（会話文）をご紹介していきます。ダイアログは「街中で」「駅・電車で」「レストラン・酒場で」「ホテルで」「機内・海外旅行先で」「職場・仕事関係で」「スクール・英会話レッスンで」の7つの場面ごとにまとめられており、それぞれポイントの解説がついています。

　ダイアログを使った学習に入る前に、その使い方と実践法を確認しておきましょう。

Step1　なりきりリハーサルをする

　ダイアログは、まず音読をしてください。MP3 ファイルの音声（191 ページ参照）を再生し、同じ発音・スピードで"モノマネ"するように声を出してみましょう。この段階では、スクリプトを見ながらでかまいません。1 つの文を再生したら音声を止めてリピートし、また次の文を再生するという手順で進めます。

　このときのポイントは、抑揚や声の大きさなども音声の通りにまねて、役者になった気持ちで音読することです。頭の中でそのシーンを思い浮かべ、場面に浸り切って練習してください。最初は、細部が合っていなくてもかまいません。

1文ずつリピートして音読し終えたら、次は「区切りリピート」です。

1文ずつだとどうしても細かい部分をまねしきれないので、短い意味のフレーズごとに「再生→モノマネ音読」をしてみましょう。このトレーニングをすると、"want to"が"wanna"になるといったような、英語の発音でよくある音の短縮部分が明確になります。これも、スクリプトを見ながら音声そっくりにまねるように音読してください。

区切りリピートをやると、何カ所か「ここは言いにくいな」という部分が見つかると思います。そこは特に念入りに、スムーズに言えるようになるまで繰り返し練習しましょう。

区切りリピートの次は、もう一度、1文ずつ「再生→モノマネ音読」を行い、ダイアログ全体を復習してください。最初に1文ずつ音読したときよりも、細部もしっかり音声通りに読みます。

このときも本は開いておいてかまいませんが、目でスクリプトを追うことはせず、自信がないところだけチラッと見ながらやってみてください。

続いて、本を閉じて1文ずつ「再生→モノマネ音読」を行いましょう。会話文をすべて細部まで正しく覚え、英会話の実践で使えるようにストックしていきます。

スムーズに使えるようになるには、最終的には本を見ず、音声も聞かずに、ダイアログの最初の単語だけ見ればスラスラとダイアログを再現できるようにしてください。そして、そのシーンを想像しながら1人で登場人物になりきって練習します。
　「なりきりリハーサル」は、自分がその場面にいることを強くイメージしながら行ってください。他人事だと思っていることは、なかなか身につかないもの。しっかり「その人になりきる」ことで会話のシーンを「自分事」にすれば、記憶の定着率が高まります。

Step2　頭の中で会話してみる（妄想シミュレーション）

　ダイアログを頭にストックし、なりきりリハーサルがスムーズにできるようになったら、次は「妄想シミュレーション」に挑戦しましょう。
　まず、自分が英語で話す場面をイメージします。大都市近郊に

お住まいの方であれば、街の中で外国人がいそうな場所で、自分が外国人に声をかけるシーンになるでしょう。地方にお住まいの方は、ご自身の生活圏の近くで外国人がいる場所を調べ、そこにいる人に声をかけるシーンを想像してください。

　場面がイメージできたら、頭の中で外国人と会話してみてください。最初に声をかけてあいさつし、自己紹介をしたら、次は何を言いますか？

　会話を続けていくと、言いたいことがあっても英語で何と言えばいいかわからない部分が出てくるはずです。その「自分が英語で言いたいのに、どう言えばいいかわからないところ」こそ、皆さん自身が身につけるべき会話表現ということになります。どう言えばいいかを調べ、繰り返し練習していつでも言えるようにしていきましょう。

　妄想シミュレーションは、いわば皆さん自身が「自分仕様」でダイアログ集を作るようなものと言えます。

Step3 環境が整った「安全なプール」で練習する

　妄想シミュレーションができたら、次のステップはいよいよ実践です。とはいえ、泳ぎ始めたばかりで海に飛び込むのは少々勇気がいりますから、最初は安全なプールのような場所で実践したほうがいいですよね。

　ここで言う「安全なプール」とは、初対面の人と英語で会話することが前提となっている英会話カフェやオンライン英会話サービスなどのことです。英会話カフェにしてもオンライン英会話にしても、受け身で質問に答えるのではなく、自分でテーマを設定するようにします。相手に「今日は街の中であなたが道に迷っているという場面ということにして会話をしたい」などと伝えて、なりきりリハーサルや妄想シミュレーションで練習したフレーズを使ってみてください。

　こうした「安全なプール」を利用して覚えたフレーズをすぐ使うことを習慣化すると、記憶への定着率が上がり、本当に使える英語フレーズが自分の中にどんどん蓄積されていきます。

Step4 本を持って街に出る

Step 3までできたら、いよいよ街に出て外国人に声をかけてみましょう。

都心部か地方かを問わず、現在の日本には非常に多くの外国人がいます。英語を教えている学校や外国人向けのビジネスをしている場所に行くなど、意識して探せば出会える場はあるはずです。「どうしても身近に外国人が見つからない」という方は、海外旅行などを計画し、英会話を実践する場を設けましょう。

知らない人に声をかけるのは抵抗があるという方は、「仕事の関係で調査が必要で、日本を訪れている外国人にインタビューを行う」という架空のプロジェクトを設定してみるのがオススメです。実際に声をかけるときは、

「仕事の関係で調査をしており、外国人の方に街頭インタビューを行っています。いくつか質問にお答えいただけませんか？」

などと言い、承諾してもらえたら事前に決めておいた質問をして、それに対する回答をもらいながら「英会話のコツ」を実践してみましょう。

プロジェクト化すると、「今日は5人に声をかけてみよう」などと目標を設定して取り組みやすくなります。質問など、自分が言うべきことを事前にある程度決めておけば、「声をかけた後、ちゃんと会話できるかな」といった心配もあまりしなくてすみ、

街の中で外国人に声をかけることに対する心理的なハードルも下がるでしょう。

こうしたトレーニングで外国人に声をかけることに慣れたら、「プロジェクト」は終了。おそらく、多くの外国人が気さくに応じてくれることを身をもって体感できているはずです。あとは街の中で自由に外国人に声をかけ、会話を楽しみながら実践経験を積んでいってください。

日本にいながらバイリンガルを目指すなら

Step 1 から Step 4 までを着実に実践すれば、皆さんは外国人と会話を弾ませられる英会話力を身につけることができるでしょう。

最後に、日本にいながら「バイリンガル」と言えるほどの会話力を身につけるトレーニング法も少しご紹介しておきたいと思います。

それは、「頭の中で自問自答することをすべて英語にする」というもの。思考のすべてを意識的に英語にする、と言い換えてもいいかもしれません。

皆さんは日常生活の中で「今日は何をしようかな」とか「この場面ではどちらを選択すべきだろうか」などと頭の中でいろいろなことを自問自答しているはずです。これをすべて英語にし、回

答も英語で考えるようにすると、英語で言葉を発することがごく自然にできるようになっていきます。

　最初はすべて英語にするのは難しいので、英語の中に日本語が混ざってもかまいません。ただし、日本語でしか考えられなかったことは、英語でどう言えばいいのかを調べておきましょう。

　少々、難度が高いトレーニング法ですが、私が今まで出会った「純国産バイリンガル」の多くがこの方法を実践していますから、「バイリンガルになりたい！」という方はぜひ挑戦してみてください。

Scene 1_01 街中で

困っている人に話しかける

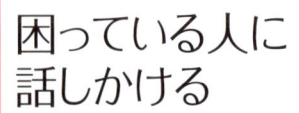

★この会話にチャレンジ！

Pattern 1

A You seem to be lost. Can I help you?
（迷ってらっしゃるようですね。お手伝いしましょうか？）

> 相手にメリットをもたらす
> ⇒ コツ①

B Thanks. I don't seem to be able to figure out how to buy a ticket.
（良かった。チケットの買い方がどうも理解できなくって）

○ figure out
わかる

A No problem.
（問題ないですよ）

> 相手を安心させる

Pattern 2

A Do you need help?
（助けが必要ですか？）

B It's all right.
（大丈夫です）

A OK. Please enjoy the rest of your stay here. / Have a great day.
（わかりました。残りの滞在も楽しんでくださいね／今日も良い1日を）

○ rest
残りの

Yayoi's Advice 困っている人を見かけたら

「街の中で外国人に声をかけましょう」とはいうものの、トラブルに巻き込まれることがないよう、最低限の注意は必要です。私が何か手助けするために声をかけるのは、困っていることが一目瞭然のときです。例えば大きな荷物を持ち、『Lonely Planet』などの旅行ガイドブックや地図を見ている人なら、旅行中で道に迷っているのかもしれないと想像できます。そういった人を見かけたら、相手が安心できるよう笑顔を浮かべ、声をかけてみましょう。

最初のひと言は "Can I help you?" という一番シンプルな表現で十分ですが、同じフレーズばかりでは表現力が伸びませんから、"Do you need any help?" などと言い換えてみたり、より丁寧な表現 "Would you need any help?" を使ってみたりしてもいいでしょう。

手助けを必要としている人からは、"Sure." や "Yes." などといった返事が返ってきますが、中には自分で何とかしたいという人、助けを必要としていない人もいるでしょう。"It's all right." などと申し出を断られることもありますが、そこは気にせず "Please enjoy the rest of your stay." などと言って立ち去れば OK です。

Point Phrase Check　フレーズチェック

● お手伝いしましょうか？▶▶ Can I help you?

声をかけるときの定番フレーズ。May I help you? と言ってもOK。ショッピングのときに店員さんが使っているのをよく耳にしますね。

● 問題ないですよ▶▶ No Problem.

困っていて不安な相手にとって、とても安心できるひと言です。さまざまな場面で伝えるので、ぜひ気軽に使ってみましょう。

Scene 1_02

街中で

道を案内する

★この会話にチャレンジ！

A You're only a block away from there.
（あともうひと息で着きますよ）

→ 相手を安心させる

B That's good!
（良かった）

A Just go up this hill and it will be on your right.
（坂を上がって、右手にありますよ）

B Thanks.
（ありがとう）

A I am heading in the same direction so let me walk you there.
（同じ方向に行くので、一緒に行きますよ）

▶ **head**
向かう

B Thanks!
（ありがとう）

A Where are you from?
（どこから来たんですか？）

B Brazil.
（ブラジルです）

▶ **flew**
flyの過去形

A You just flew in all the way from Brazil?
（ブラジルから着いたばかりですか？）

B That's right.
（その通りです）

→ 配慮を示す
⋯▷ コツ⑦

A You must be exhausted from the long trip.
（長旅でお疲れなのでは？）

▶ **exhaust**
疲れ果てさせる

B Yeah, maybe.
（ええ、そうかもしれません）

A That hotel has a good spa. Why not treat yourself? You deserve it!
（あのホテルはいいスパがあるんですよ。受けられたらいいですよ）

> 相手にメリットをもたらす
> ···▶ コツ①

Yayoi's Advice　道案内の決まり文句

　道案内をするための英語表現は、自分で自宅から駅までの行き方を英語で書いてみたり、どこかに出かけるときに道順を英語で考えてみたりする練習をしておくといいでしょう。基本的には命令形で、go straight（まっすぐ進む）、go up/down（坂を上る／下る）、turn left（左に曲がる）、on the right（右側に）といった表現を組み合わせればOKです。また、表現に迷ったら "Let me walk you there." と言って連れていってあげるのも1つの方法でしょう。

　この会話例のポイントは、実は "You are only a block away from there." という表現。目的地が近いことを最初に伝えると、相手を安心させてあげることができます。道を教えるときは、まず「あと1ブロックですよ」「5分歩けば着きます」といった情報を伝えるようにしましょう。また、後半ではラポール（心を開かせるための会話）の例も紹介しています。ブラジルから来たとなるとフライトは25時間ほどかかっているはず。そういった状況を想像して "You must be exhausted from the long trip." のようなひと言を添えると、相手と打ち解けやすくなるはずです。

Point　Phrase Check　フレーズチェック

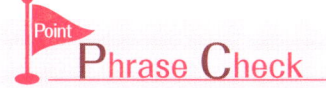

○ **一緒に行きますよ ▶▶ Let me walk you there.**
一緒に歩いていくことを申し出る丁寧なフレーズ。I'll go with you. でもOKです。

Scene 1_03

街中で

道順を細かく説明する

★この会話にチャレンジ！

A May I see the map?
（その地図を見ていいですか？）

B Sure.
（どうぞ）

A The embassy is behind that tall building.
（大使館はその高いビルの後ろです）

B That's great.
（良かった）

A Walk up this hill and turn left before that building and you will see it right in front of you.
（この坂を上がって、そのビルの手前で左折するとちょうど目の前に出てきますよ）

B Thank you so much.
（どうもありがとうございます）

A Are you from the Philippines?
（フィリピンからいらしてるんですか？）

B Yes I am.
（ええ、そうです）

A I'm sorry about the disaster.
（フィリピンの方にはお見舞いを伝えたいと思ったので）

B Thank you.
（ありがとうございます）

配慮を示す

⇒ コツ⑦

▶ disaster
災害

Yayoi's Advice 前置詞や形容詞で表現

　道順を細かく説明するためには、前置詞を正しく使うことがポイント。この会話例で言えば、"behind that tall building"「あの高いビルの後ろに」、"in front of that tall building" なら「あの高いビルの前に」という意味になります。前置詞については、絵に描いてどのような意味を持つのかをつかんでおくといいでしょう。また、目印になるビルや建物をうまく説明するには、キラキラしたビルなら "shining building"、低層階のビルなら "short building"、高くそびえ立つビルなら "soaring building" といったように、形容詞のバリエーションを増やすことも必要です。

　瞬時に正しい前置詞や形容詞を使えるようになるには、電車に乗っているときや街の中を歩いているときなどに、風景を見ながら、「茶色い高いビルがあって、その後ろには車のショールームがあって……」というような描写を英語でやってみる練習をするといいでしょう。

　ラポールの例としてご紹介している会話の "I'm sorry for the disaster." はお見舞いを伝える表現で、フィリピンを襲った台風のような大きな自然災害などに対して幅広く使えます。

Point Phrase Check　フレーズチェック

● 〜の後ろ［前］▶▶ behind [in front of]〜
前後、左右（on the left[right]）という位置関係を表す前置詞は、道を説明するときに必要ですので、ぜひ慣れておきましょう。

● お見舞い申し上げます ▶▶ I'm sorry about〜．
I'm sorryは謝罪のほかにも、「〜に対して残念に思う」という意味で、相手に起こったことを気づかったりするときによく使います。

Scene 1_04 街中で
お店の場所を教える

★この会話でOK！

A We are looking for Ippudo.
（一風堂を探しています）

B Ippudo, a ramen fan, huh?
（一風堂とは、さてはラーメンのファンですね？）

A Yes, very much.
（ええ、超大好き）

B In fact, I don't know where Ippudo is, but I know an even better ramen place.
（実は、一風堂の場所は知らないのですが、もっとおいしいラーメン屋さんを知ってますよ）

A No way!
（まさか）

B I do, and it's only 1 minute from here. Let me walk you there.
（本当ですよ、しかもここから徒歩1分。連れていってあげますよ）

A Wow, thanks!
（やった、ありがとう）

▶ look for
探す

相手にメリットをもたらす
⇢ コツ①

あいづち上手になる
⇢ コツ⑤

Yayoi's Advice　知らないときは素直に

　この会話例は、有名なラーメン店・一風堂の場所を外国人に聞かれた場面です。このような場合に相手が求めている情報を知らなかったとしたら、その代わりに "I know an even better one." などと言って、「より相手のメリットになる情報」を提供するのも1つの手。せっかくの英会話の機会なのですから、相手を引きつけられるように挑戦してみたいところです。

　さらに、この例では別のお店を勧めるだけでなく、「ここから1分ですよ」「そこまで一緒に行きましょう」と相手に安心感を与える情報を次々と提供してします。これも英会話のラリーを続けるコツの1つです。

　もしも相手が「どうしても目当ての店に行きたい」という場合は、"Sure. Why not." と言って立ち去ればいいでしょう。最後に "Good luck." とひと言添えてもいいですね。もう少し思いやりを伝えたいなら、"I'll keep my fingers crossed."（人さし指と中指を交差させて十字架をまねる動作から転じて「幸運を祈っています」の意）という表現を使うのも、気が利いていていいかもしれません。

Point Phrase Check　フレーズチェック

○ 〜はどこかわからない ▶▶ I don't know where〜.

〈I don't know + 5W1H（when, where, what, which, who, how）+SV〉で、「（いつ、どこ、何、どれ、誰、どんなもの）が〜かわからない」という意味でよく使います。

○ まさか ▶▶ No way.

「本当に?」「信じられない」といった反応を示すときによく使う定番表現です。

Scene 1_05 街中で
道案内した相手と仲よくなる

★この会話にチャレンジ！

A May I ask where you're from?
（どちらからいらしたか聞いてもいいですか？）

B Sure, I am from Canada.
（もちろん、カナダです）

A I've heard that's such a beautiful country. I want to visit there someday.
（とても美しいところだと聞いています。いつか行きたいですね）

B Yes, please come. When you do, I'll show you around.
（ぜひ、来てください。そのときは案内しますよ）

A Yes, I'd love that!
（はい、喜んで！）

B Let's stay in touch.
（連絡を取り合いましょう）

A Are you on Facebook by any chance?
（もしかして Facebook とかやってますか？）

B Yes, I am.
（はい）

> あいづち上手になる
> …》コツ⑤

> 自分の土俵に引きずり込む
> …》コツ⑪

○ **by any chance**
もしかして

| Part 2 | 場面別　実践ダイアログ

Yayoi's Advice　メールやSNSも活用

　道案内などの際に会話を続けるチャンスがあれば、相手とさらに仲よくなれるようチャレンジしてみましょう。この会話例では、相手がどこから来たのかを尋ね、「美しいところだと聞いています。いつか行ってみたいんです」と伝えています。自分の国を褒められれば、相手は心を開きやすくなるでしょう。あるいは、「昔、トロントに行ったことがあるんですよ」「家族がカナダに行ったことがあって素敵な国だと言っていました」などと共通項を見つけて伝えるのもオススメです。

　会話の流れで「もしカナダに来たら案内しますよ」などと言われたら、遠慮せずに「ぜひお願いします」と答えてOKです。海外の人はホスピタリティからこのように申し出てくれることがよくあり、「今後も連絡を取り合いましょう」などと話が展開することも少なくありません。メールアドレスを交換したり、Facebookでつながることにしたりすれば、今後もネット上で会話できる友人を作れます。その後、より仲よくなるか疎遠になるかはまだわかりませんが、最初は敷居を低くして人間関係をグローバルに広げていきましょう。

Point　Phrase Check　フレーズチェック

● ～をお聞きしてもいいですか？ ▶▶ May I ask～?
相手にお伺い立てをしながら、聞きたいことを聞ける便利なフレーズ。名前や出身地など、ぜひ尋ねてみましょう。

● 連絡を取り合いましょう ▶▶ Let's stay in touch.
別れ際に、「連絡取り合いましょうね」という意味でとてもよく使うフレーズ。Stay in touch.、またはKeep in touch.とシンプルに言うことも多いです。

Scene 1_06

街中で

ショッピングのアドバイスをする

★この会話でOK！

A I'm looking for a kimono for my niece.
(姪っこに着物を探してるの)

B An authentic kimono would be very expensive and require a lot of care, so I would recommend a summer robe called a *yukata*. It's more casual.
(本物の着物はとても高価だし、手入れも大変なので、夏用のローブ、浴衣をオススメしますよ。もっと気軽に着れますし)

A Excellent! Where can I buy one?
(素晴らしい。どこで買えるのかしら？)

B You can walk into any department store in Japan or go to the Ameyoko Market in Ueno, which may be fun for other shopping as well.
(日本のどこの百貨店でも大丈夫ですし、上野のアメ横という市場も、ほかの買い物も楽しめるので良いかもしれません)

A The market sounds interesting. Thank you.
(その市場は面白そうね。ありがとう)

○ **niece**
姪

相手にメリットをもたらす
→ コツ①

Yayoi's Advice 役立つ情報を押さえよう

　英会話を学びたいという気持ちがあるなら、会話のネタを仕入れておくことが大切です。伝えたいこと、伝えられる情報もないのに、会話を弾ませることはできません。

　外国人は皆さんに日本のことを聞きたいはずですから、例えばお土産にオススメのものは何か、それをどこで買えるかといった役立つ情報は押さえておいたほうがいいでしょう。この会話例のように「着物をお土産にしたい」という外国人は少なくありませんが、観光客向けなら浴衣のほうがちょうどいいでしょうから、うまくアドバイスしてあげたいもの。ちょっとした和の小物を売っているお店など、相手に喜ばれそうな情報も調べておきたいですね。百貨店は大都市ならどこにもあるので勧めやすいですし、東京ならアメ横も教えてあげると喜ばれます。

　ちなみに、外国人には日本のお菓子もお土産に人気です。ポッキーは外国人がよくお土産にするので、何かちょっとしたお土産にオススメのものは何かと聞かれたら「ポッキーならコンビニで買えますよ」などと教えてあげてもいいでしょう。

Point Phrase Check　フレーズチェック

●〜がオススメですよ ▶▶ I would recommend〜.
何かオススメのものを提案する際に使ってみましょう。wouldはwillの過去形で、「(私だったら) 〜をオススメします」と仮定法の使い方をします。

●〜に入れますよ ▶▶ You can walk into〜.
ふらっと入るニュアンスがwalk into 〜にはあります。

Scene 1_07 街中で
カフェで見かけた人に話しかけてみる

★この会話でOK！

A Excuse me. I'm just curious about where you're from?
（すみません。ちょっと気になったのですが、どちらからいらしたのですか？）

B I'm from France.
（フランスです）

A I've always wanted to go there! What part of France are you from?
（いつもフランスに行ってみたいと思っていました。フランスのどちらですか？）

B Nancy. It's in the east part of Paris.
（ナンシーです。パリの東にあります）

A I would like to go there someday. Anything you recommend seeing?
（いつか行ってみたいです。オススメのスポットはありますか？）

B Musee des Beaux Arts in Nancy is beautiful. It's a museum featuring a fine showcase of pictures, crystal and glasswork.
（ナンシー美術館が美しいですよ。この美術館は絵画、クリスタル製品、ガラス工芸を展示してますよ）

A Sounds great!
（いいですね）

- **curious** 興味がある

- 共通項を見つける ⇒ コツ③
- 具体的に質問する ⇒ コツ②
- 素早く反応する ⇒ コツ⑥

Yayoi's Advice　話しかけやすそうな人を見つけて

　カフェなどで外国人に声をかける際は、最初に「なぜあなたに声をかけたのか」がわかるようにすると警戒心を解くことができます。この点、会話例でご紹介している、"Excuse me. I'm just curious..."（すみません、ちょっと気になったんですが……）は、魔法のフレーズ。気になったことがあれば、このフレーズを使ってどんどん質問してみましょう。

　「何の本を読んでいるんですか？」「そのかばんはどちらで買ったものですか？」など、質問は何でもかまいませんが、心から興味が持てるポイントについて聞いたほうが共通項を見つけやすく、会話が弾みやすいでしょう。また、この会話例のように、どこから来たのかを尋ね、その場所について "That is where I've always wanted to go." などと伝えてより詳しく情報を聞くというパターンは、会話を展開させやすいと思います。

　なお相手は、自分が声をかけやすそうな人を選んでください。おかしな誤解を生まずにすむように、最初は同性の方で挑戦したほうがいいかもしれませんね。

Point Phrase Check　フレーズチェック

● オススメのスポットはありますか？
▶▶ **Anything you recommend seeing?**

頭に(Is there) anything 〜?と省略されています。

● いいですね▶▶ **Sounds great.**

とてもよく使うフレーズです。Soundsの後にはgood、interestingなどの形容詞が入ります。

Scene 1_08

街中で

外国料理店の店員さんに話しかける

★この会話にチャレンジ！

A Excuse me, are you from Turkey by any chance?
（すみません、もしかしてトルコの方ですか？）

B Yes, I am.
（はい、そうです）

A This Turkish dish is very good, isn't it?
（このトルコ料理はとってもおいしいですよね）

> 褒める
> ⇒コツ②

B A lot of people say that.
（多くの人がそう言ってくれます）

A What's it made out of?
（これ何でできているんですか？）

> 具体的な質問をする
> ⇒コツ⑫

B Eggplant.
（ナスです）

A Really? It doesn't taste like eggplant. How do you make it?
（本当ですか？ 知ってるナスの味とは全然違いますね。どうやって作るんですか？）

◯ **eggplant**
ナス

B That's our secret! You must try Dondurma too.
（それは秘密です。ドンデュルマも試してくださいね）

A What's Dondurma?
（ドンデュルマ？）

B It's sticky ice cream.
（伸びるアイスのことですよ）

> おうむ返し
> ⇒コツ⑬

A Oh, that famous sticky ice cream.
（あ、あの有名な伸びるアイスですか）

◯ **sticky**
ねばねばした

Yayoi's Advice　日本国内で外国気分を味わおう

　外国人と会話するチャンスの１つが、外国料理店でスタッフに話しかけてみることです。この会話例はトルコ料理店のケースですが、チェーン店なら東京や大阪、名古屋にあるTGIフライデーズやアウトバックステーキハウス、東京、大阪、横浜、福岡のハードロックカフェには英語を話すスタッフがたくさんいます。外国人スタッフが多いお店を探して、会話を楽しむ目的で訪ねてみましょう。

　外国人スタッフが多いお店は、カルチャーも日本とは異なり、スタッフがお客さんと会話するのはごく自然なことです。もともと海外ではチップをもらって生活しているスタッフが多く、日本国内ではチップは受け取らないものの、「良いサービスを提供しよう」という文化をそのまま引き継いでいるからかもしれません。

　ただし、年齢に触れたり容姿を褒めたりするのは避けましょう。料理店ですから、料理を褒めるところから会話を始めるのがオススメです。料理に使われている素材や作り方を尋ねると、会話が盛り上がりやすくなります。「この後、バーに行きたいのですが、近くにオススメの店はありますか？」などと尋ねてみてもいいですね。

Point　Phrase Check　フレーズチェック

● どうやって〜するのですか？ ▶▶ How do you〜?

方法が知りたいときに、いろんな場面で使える表現。ステーキの焼き方をたずねるときに"How do you like it?"（どの程度の焼き加減にしますか？）と使います。答えるときはレア (rare)、ミディアム (medium)、ウェルダン (well done) などです。

● 〜って何？ ▶▶ What's〜?

わからない単語や名前が出てきたら、〈What's ＋名詞〉で単刀直入に聞き返しましょう。

Scene 2_01

駅・電車で

空港までの路線を案内する

★この会話にチャレンジ！

Pattern 1

A Do you know where we can get on the Narita Express?
（成田エクスプレスにどこから乗ったらいいのかわかりますか？）

B Sure. Go up this elevator and you will see a moving sidewalk. Get on it and there will be another one after that. Take that one as well and then go down the escalator.
（もちろん。このエレベーターを上がると、動く歩道があります。それに乗って、もう1つ乗って、そこでエスカレーターで下ってください）

A Thanks.
（ありがとう）

B Have a safe trip.
（道中お気をつけて）

A Thanks again.
（本当にありがとう）

Pattern 2

B I will take you towards the platform. Go down this escalator and head to number 3. You can't miss it.
（では、プラットホームの近くまで連れていきますよ。このエスカレーターで下りて、3番に向かってください。見逃すことはないですよ）

A Thank you so much !
（どうもありがとう！）

笑顔で会話する →コツ⑧

▶miss
見逃す

Yayoi's Advice　質問を想定して準備を

　東京では、新宿駅や品川駅で困っていそうな外国人に声をかけると、成田エクスプレス（NEX）の乗り場を聞かれることが少なくありません。NEXのプラットフォームの場所はわかりにくいので、迷う人が多いのです。こうした「よくあるシチュエーション」は、質問されることを想定し、あらかじめどう説明すればよいかを考えて練習しておいたほうがいいでしょう。関西にお住まいの方は、似たようなシチュエーションを想定して、関西空港への行き方をどう言えばいいか考えてみてください。

　説明のしかたは、先にご紹介した道案内と同様の表現でOKです。説明が難しければ、会話例のPattern 2のように "I'll take you towards the platform." などといって連れていってあげるのも1つの方法です。途中まで連れていったら、そこからどう進めばいいか、何番ホームを目指せばいいかを教えてあげましょう。最後に "You will not miss it." や "You will be fine." など、「あとは大丈夫、迷うことはありませんよ」というひと言を添えると、相手に安心してもらうことができます。

Point Phrase Check　フレーズチェック

● どこが [で] 〜かわかりますか？ ▶▶ Do you know where〜?
場所を聞くときの決まり文句。旅先でも使えますので覚えておきましょう。

● 道中お気をつけて ▶▶ Have a safe trip.
別れ際のあいさつとして気軽に使えますし、相手を安心させることもできます。ぜひ笑顔で言ってみてください。

Scene 2_02

駅・電車で

切符を買ってあげる

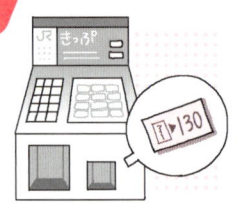

★この会話でOK！

A I will buy the tickets for you.
（切符を買ってさしあげましょう）

  Where to? / Where are you headed?
（どこまで？／どこに行くのですか？）

B Asakusa
（浅草）

A How many? / How many others are you traveling with?
（何人？／ほかに何人と行きますか？）

B Just myself.
（自分だけです）

A It's 170, so please hand me two 100 yen coins.
（170円です。100円玉を2枚ください）

B There you go.
（はい）

A Here's the tickets.
（〈買った切符を差し出して〉チケットをどうぞ）

具体的な質問をする
⋯⋯▶ コツ⑫

○ hand
手渡す

Yayoi's Advice　都市部の駅ではよく見かけます

　駅の券売機の近くで、切符の買い方がわからず困っている外国人をよく見かけます。券売機を操作できているならそっとしておいてもかまいませんが、路線図を見上げてぽかんとしている様子だったら、手助けしてあげましょう。切符を買う場面は、声をかけたときに喜ばれやすいシチュエーションですし、会話の難易度も高くありません。ここで必要な表現を覚えてぜひ実践してみてください。

　実際に声をかけて手助けしてあげることになったら、目的地を確認するほか、切符を何枚買うのかを確認することを忘れずに。"How many?" と聞けば通じますが、より丁寧に確認するなら、「あなた以外に何人いますか？」と尋ねる表現を押さえておくと便利です。

　切符を買うのに必要な金額を伝えるときは、例えば170円だったら "one seventy"、220円だったら "two twenty" と言えばOKで、"one hundred and..." などと言う必要はありません。また、必要な小銭を出してもらうときは "two 100 yen coins"（100円玉2つ）のようにどの硬貨が何枚必要かを言ってあげると、相手も迷いにくいでしょう。

Point Phrase Check　フレーズチェック

● どこまでですか？▶▶ Where to?
アメリカなどではタクシーの運転手がよく言います。短くて便利な表現です。

● はいどうぞ▶▶ There you go.
相手に手渡しする際のフレーズです。「はい、どうぞ」というニュアンスがこもります。Here you go. でもOKです。

Scene 2_03

駅・電車で

観光のアドバイスをする

★この会話にチャレンジ！

A Is this your first time here?
（こちらは初めてですか？）

B Yes, it is.
（ええ）

A Are you going to see Sensoji Temple?
（浅草寺に行く予定ですか？）

B Yes, that's right.
（その通りです）

A Try the *omikuji*, or paper fortunes.
（おみくじをやってみては。紙の運勢占いですよ）

B Sounds interesting. I'll give it a try. Thanks.
（面白いですね。ぜひやってみたいです。ありがとう）

A Have a good one!
（どうぞ良い時間を過ごしてきてください）

相手にメリットをもたらす
⋯▷ コツ①

○ **give it a try**
やってみる

Yayoi's Advice　行き先について教えてあげよう

　切符を買うのを手伝ったら、その流れで観光のアドバイスにもチャレンジしてみましょう。

　例えば、声をかけた外国人観光客がこれから浅草に向かおうとしている場合、まずは今後の行動を先読みし、"Are you going to see the Sensoji Temple?" などと尋ねてみましょう。銀座なら「ショッピングですか？」、原宿なら「竹下通りに行くんですか？」など、向かっている場所を聞けばこの後の行動はだいたい予想できるはず。
「浅草寺に行くんですか？」などと聞かれれば、相手は「この人は私がこれから行く場所のことをよく知っているんだ」と考えるでしょう。そうやって相手とコミュニケーションを取ったうえで "Try the *omikuji*." などとアドバイスすると、より興味を持ってもらいやすくなり、会話も弾みます。このように、相手の言葉や印象から「こういう人かな」「これからこうするのかな」と予測したことをぶつけてみるのは、スピーディーに心を開いてもらう方法の１つです。

　もちろん、予測が外れても問題ありません。相手の目的を聞いたうえで、それに合わせて別のアドバイスをすれば OK です。

Point Phrase Check　　フレーズチェック

● 〜してみたら ▶▶ Try 〜.
「命令形でいいの？」と思うかもしれませんが、提案のニュアンスになります。

● いい時間を過ごしてください ▶▶ Have a good one.
one はこの文では時間を意味し、良い（good）時間を持ってください＝良い時間を楽しんでという意味でアメリカ人がよく使います。ややカジュアルです。

Scene 2_04 駅・電車で
電車の乗り方を教える

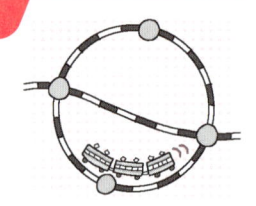

★この会話でOK!

A Where's your final destination?
（最終目的地はどこですか？）

B We want to go to Harajuku.
（原宿に行きたいのです）

> 相手を安心させる

A It's easy. Take the green Yamanote Line from track number 2. Harajuku is 3 stops away.
（簡単ですよ。緑の山の手線に2番線から乗ってください。3駅で原宿です）

B Thanks.
（ありがとう）

> 具体的な場所を言う

A For your information, Harajuku is home to a beautiful shrine called Meiji Shrine. I highly recommend it.
（参考までに、原宿は明治神宮というきれいな神社があるところです。とてもオススメです）

> 相手にメリットをもたらす　…▶ コツ①

B Sounds great!
（良さそうですね）

A Enjoy!
（楽しんできてください）

- **destination** 目的地
- **recommend** 勧める

Yayoi's Advice　まずは相手を安心させて

　先に、駅で困っている外国人を見かけたときに切符を買ってあげる場合の会話を練習しました。次はもう少しステップアップして、電車の乗り方や乗り換え方を教えてあげる会話を練習しましょう。

　教えるときは、最初に"It's easy."と言ってあげるのがポイントです。相手が安心すると、会話の雰囲気がぐっと良くなるからです。誰でも言える簡単なフレーズですが、このひと言が言えるかどうかで会話の流れも変わりますから、ぜひ覚えて活用してください。

　電車について説明するときは、"Take this green Yamanote Line from track number 2."のように、「緑色の」「2番ホームから」といったわかりやすい情報を添えましょう。また、"Harajuku is 3 stops away."の表現は、今いる場所から目的地までどれくらい離れているかを具体的に教えるとともに、主語を"It"とせず目的地である"Harajuku"という単語を言ってあげることで、「ちゃんと目的地を理解して正しい情報を教えてくれているな」と相手を安心させることも狙ったものです。また、せっかくですから最後にオススメの観光スポットなども伝えると喜ばれるでしょう。

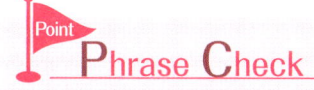

Point　Phrase Check　フレーズチェック

○ 簡単です ▶▶ It's easy.

不安になっている相手にとって、とても安心できるひと言です。It's fun. とすれば「楽しいです」となります。ほかにもIt's great. など、自分の気持ちをシンプルに表現できます。

○ 参考までに ▶▶ For your information

「ちなみに」と言いたいときに使えます。よくFYIなどと略してメールでも使われます。

Scene 2_05

駅・電車で

オススメのスポットを紹介する

★この会話にチャレンジ！

A Do you know Oriental Bazaar?
（オリエンタルバザールって知ってます？）

B No.
（いいえ）

A You should go there. It's on Omotesando Avenue near Tokyo Union Church. They have nice Japanese crafts at reasonable prices.
（ぜひ行ったらいいですよ。表参道の東京ユニオン教会の近くにありますよ。日本の民芸品が安く変えます）

B Great, thanks.
（素晴らしい。ありがとう）

A I'm sure you'll get a good deal at that place for your wife.
（〈〈結婚指輪をしていれば〉〉奥様へのお土産もいい値段で手に入ると思いますよ）

相手にメリットをもたらす
···≫ コツ①

◯ **reasonable**
手ごろな

相手の家族について話す
···≫ コツ④

◯ **good deal**
いい条件

| Part 2 | 場面別　実践ダイアログ

Yayoi's Advice　耳より情報で心をつかむ

　電車の乗り方を教えて「相手にメリットをもたらす会話」ができたら、さらにそれを一歩深めて相手の心をぐっと開くことに挑戦しましょう。

　目的地は電車の乗り方を教えるときに確認していてすでにわかっているのですから、今度はちょっと気を利かせてその近辺でオススメのお店や観光スポットなどをアドバイスしてみてください。例えば、会話例で相手に勧めている表参道のオリエンタルバザー（http://www.orientalbazaar.co.jp/）は、日本の工芸品や和雑貨、着物やTシャツなどのお土産を手頃な価格で買えるお店。こうした「外国人に勧めたいお店」の情報は、常日頃からリサーチして頭の中に入れておきたいところです。

　お土産に良い買い物スポットを勧める場合、相手が指輪をしていて既婚者だとわかるなら、会話例で "I'm sure you get a good deal at that place for your wife." と言っているように、「奥様のためによい買い物ができると思いますよ」などとひと言添えると、相手の家族への配慮も伝わります。

Point　Phrase Check　フレーズチェック

●〜したらいいですよ ▶▶ You should〜.

提案する表現です。had better（〜したほうがいい）という表現もありますが、これは「しないと大変なことになる」というかなり強い意味になるので注意が必要です。

●きっと〜です ▶▶ I'm sure〜.

I'm sure の後には文が入ります。自信をもって勧めたいときのひと言です。

Scene 2_06

駅・電車で

ガイドブックを見ている人に

★この会話にチャレンジ！

A Does this train go to Shibuya?
（この電車は渋谷に行きますか？）

B Where?
（どこですって？）

> 自分の土俵に引きずり込む
> ⇒ コツ⑪

A Shibuya.
（渋谷です）

B Yes. It's the last stop.
（はい。最終駅です）

▶ last stop
終点

A Thanks.
（ありがとう）

B Is this your first time here?
（こちらは初めてですか？）

A Yes.
（はい）

> 相手を褒める
> ⇒ コツ②

B That garden is really beautiful. Good choice.
（あの庭園はとっても美しいですよ。いいところを選びましたね）

A Thanks. We're going there now.
（ありがとう。今から向かうところなんです）

B Have fun while you're here.
（楽しんできてください）

Yayoi's Advice 聞き取れないときはシンプルに

　駅では、ガイドブックを手にした旅行者とおぼしき外国人から「この電車は渋谷に行きますか？」などと尋ねられることもあります。このような場面では、相手の発音がいまひとつ正しくなく聞き取りにくいことも多いので、まずは一度、相手の目的地を確認するようにしましょう。シンプルに "Where?" と聞き返せば OK です。

　都心部では快速や特快など停車駅の異なる電車が数多く走っていますから、目的の駅に着くかどうかは外国人にはわかりにくいもの。できれば、"Take the next train."（次の電車に乗ってください）などと具体的に教えてあげると親切ですね。

　会話が生まれたら、せっかくですからもう少し続けて話してみてください。相手がガイドブックを見ているなら、それをのぞき込んで、これから行こうとしている場所について "That garden is really beautiful. Good choice." のように褒めてあげるのがオススメです。相手は「自分の選択は間違っていないんだ」と安心できますし、選択を褒められれば嬉しく感じるもの。その後の会話が広がりやすくなります。

Point Phrase Check　フレーズチェック

○ どこ？▶ Where?
場所や名前が聞き取れなかったときは、文章にすることを考えずにシンプルに聞き返しましょう。

○ 楽しんでください▶ Have fun.
別れ際などにひと言添えるだけで、相手はきっと喜んでくれます。シンプルに Enjoy! と言うこともできます。

Scene 3_01 レストラン・酒場で

料理を説明する

★この会話にチャレンジ！

A I don't know what this is... .
（これが何かわからなくて…）

B It's pork.
（豚肉ですよ）

A Oh, I'm vegetarian. Do they have a similar dish without meat?
（あら、ベジタリアンなの。肉が入っていない似たようなメニューはあるかしら？）

B Let me ask the staff.
（店員に聞きますね）

She said that this does not have any meat.
（〈メニューを示して〉あの女性の店員によるとこれは肉が入ってないそうです）

A Thanks. You really helped me out there!
（ありがとう。とても助かりました）

○ similar
似た

状況を知り、配慮を示す
→コツ⑦

Yayoi's Advice 食べられないものに注意

　宗教的な理由などで豚肉や牛肉を食べない外国人は珍しくありません。肉だけでなく魚や卵などまで一切食べないベジタリアンもいます。このような背景から、レストランや居酒屋、旅館などで外国人客がメニューを見ながら「料理にお肉が入っていないかどうか知りたい」「素材を確認したい」と戸惑っている姿をよく目にします。このような場面に遭遇したら、ぜひメニュー選びをサポートしてあげたいところです。

　最初は「食べられないものはありますか？」「アレルギーはありますか？」など、避けるべき食材を確認しましょう。特にお肉については、入っているかどうか、入っているならその種類は何かを確認して伝えられるようにしておきます。また、ベジタリアンの場合は、だし（stock）を鰹節でとってあるだけでNG。昆布だしなら大丈夫なので、その種類も確認してあげましょう。

　料理が出てきたら、素材や調理法を英語で説明してあげられるともっと喜ばれます。野菜などの素材名や「焼いてある」「蒸してある」などの調理法を英語で言えるようにしておきましょう。

Point Phrase Check　フレーズチェック

●～が何かわかりません ▶▶ I don't know what～.
〈I don't know + 5W1H〉の表現を覚えましょう。

●スタッフに聞いてみます ▶▶ Let me ask the staff.
急に何かを聞かれたら、自分で解決できないことがほとんどです。代わりにスタッフに聞くことで、相手を安心させてあげましょう。

Scene 3_02

レストラン・酒場で

オススメの店を紹介する

★この会話にチャレンジ！

A If you're interested in vegetarian Japanese food, a tofu restaurant would be really good for you.
（もし和食ベジタリアンに興味があるなら、豆腐専門店がぴったり合うと思います）

B Sounds great.
（良さそうですね）

A I highly recommend this one. I'll write down the name for you.
（このレストランが超オススメです。名前を書いてあげますよ）

B Wow, that's great! I'll ask the hotel to make a reservation for me.
（わあ、すごく良さそうですね。ホテルの人に予約してもらうようにお願いします）

A Sounds like a good plan.
（それなら良いと思います）

おしつけがましくなく、配慮する

○ reservation
予約

素早く反応する
⋯⋙ コツ⑥

Yayoi's Advice　さりげなく親切に

　メニュー選びを手伝ったら、その流れで会話のラリーを続けてみましょう。このような場面では、相手が食べられるものにあわせてオススメのお店を紹介すると、相手にメリットをもたらす会話ができます。

　ただし、何かをオススメするときは押しつけがましい感じにならないように気をつけたいもの。この会話例の "If you are interested in vegetarian Japanese food, a tofu restaurant is really good for you." では、"if" を使っているところがポイントです。「豆腐レストランがおいしいから絶対にオススメ！」などというのではなく、「もし日本の野菜料理に興味があれば……」と一歩引いて勧めれば、相手は「親切心からアドバイスしてくれているんだな」と感じるでしょう。"If you want to try…" "If you like…" などの表現を使ってもいいですね。

　相手が乗り気になったら、ネットで検索したりホテルのコンシェルジュに予約を頼んだりできるよう、URLを教えてあげたり、レストランの名前を紙に書いてあげたりすると親切でしょう。

Point Phrase Check　フレーズチェック

● もし〜に興味があれば ▶▶ If you are interested in〜.
押しつけがましくなく何かを勧める表現です。

● これはすごくオススメの1つです
▶▶ Here is the one I highly recommend.
ガイドブックやウェブサイトでオススメのお店や場所を提示する際に使います。highlyを入れることで「とてもオススメ」というニュアンスが強まります。

Scene 3_03

レストラン・酒場で

共通項を伝えて会話を盛り上げる

★この会話にチャレンジ！

A I'm not a vegetarian myself, but I do love vegetables.
（私はベジタリアンではないですが、野菜は大好きです）

B Oh, you do? Do you know about veganism?
（そうなんですね。ビーガンって知ってます？）

A I've heard of it, but not exactly.
（聞いたことはありますが、あまりよくわかりません）

B Ever since I started practicing a vegan diet, I've lost 20 pounds and feel totally healthy, which I've hardly ever felt before.
（ビーガンにしてから、20ポンドやせて、すっかり健康になったと感じるんですよ。前はそんなふうにも感じられなくて）

A Wow, that sounds great! I'd better look into that myself.
（へえ、それはすごいですね。私も調べてみたいと思います）

おうむ返し
⇢ コツ⑬

○ **practice**
実践する

○ **look into**
調べる

Yayoi's Advice: not... but... で相手の心を開く

　メニュー選びを手伝い、お勧めのお店を教えるところまでできたら、さらに会話を盛り上げていくことに挑戦しましょう。

　この会話例は、最初の文 "I am not a vegetarian myself but I do love vegetables." が大きなポイントです。先にご紹介したように、お互いの共通項を見つけると会話はぐっと弾みやすくなります。「私も（まったく同じではないけれど）似たところがあります」ということを伝える "not... but..." の表現は、相手の心を開くためのフレーズ。相手が投資家なら「私は投資家ではありませんが、投資に関する仕事をしたことがあります」、相手が MacBook Air を持っていたら「私は MacBook Air は持っていませんが、アップルの製品は大好きです」といったように共通項をアピールしましょう。詳しいジャンルの話なら、嬉しそうに話してくれる人が多いはずです。

　相手の話は "Wow." と言って聞くと、「あなたの話を受け止めています」というサインになります。また、" I'd better..."（…しようと思います）という表現は、相手に対して少しへりくだるトーンになるので、アドバイスを受け入れるときに使ってみてください。

Point — Phrase Check　フレーズチェック

● そうなのですか？ ▶▶ Oh, you do?
I do love vegetables.に対して、you do?と返すことができます。これが例えば I played tennis yesterday.と過去のことなら、You did? となります。

● 聞いたことはあります ▶▶ I've heard of it.
あまり知らないけど、「聞いたことはあります」という話題は多いので、この表現もよく使います。

Scene 3_04

レストラン・酒場で

パブで知り合った外国人と話す

★この会話にチャレンジ！

A Nice watch you're wearing. I have a Tag Heuer myself.
(いい時計してますね．僕もタグホイヤー持ってますよ)

> 相手を褒める
> ⇒コツ②

B A gift from my wife.
(妻にもらったのです)

> 共通項を見つける
> ⇒コツ③

A You're lucky. By the way, do you come here often?
(幸せものですね。ところでここにはよく来るのですか？)

> 相手の家族を立てる
> ⇒コツ④

B No, it's my first time. How about you?
(いいえ、初めてです。あなたは？)

A I find myself here almost every weekend.
(毎週末、来ちゃってるんです)

B Really? Maybe you can help me. Which is the best sake?
(本当に？ では教えてくれるかな。どのお酒が一番いいですか？)

> 相手にメリットをもたらす
> ⇒コツ①

A Try Uragasumi. It's dry, but really fruity, a well-balanced sake that I highly recommend.
(裏霞がいいですよ。ドライだけど、すごくフルーティーで、バランスがいいからすごくオススメです)

Yayoi's Advice　気軽に話しかけてみよう

　パブは外国人客が多く、来店客同士で自然に会話が生まれやすい場所でもあります。ぜひ足を運び、英会話を実践してみましょう。最初に声をかけるときは、相手が身につけているものを褒めるのが会話の糸口として自然です。男性なら時計が好きな人が多いのは世界共通ですから、会話例のように "Nice watch you are wearing." などと話しかけてみてはいかがでしょうか。

　相手の持ち物を褒めるときは、"nice" という言葉が大げさになりすぎずちょうどよいでしょう。また、「私も持っているんです」ということを伝えると、共通項になるのはもちろん、「同等のクラスのものを持っている人、自分と近しい価値観の人」だという点で相手が安心感を抱きやすいと思います。褒めるものは、メガネやアクセサリーなど、何でもかまいません。

　会話例では、相手の「妻からのプレゼントなんです」という説明に対して "You are lucky." と返しています。これは、「（いい奥様で）ラッキーですね」と、相手の家族を立てる言葉。このように周囲の人を褒めると、心を開いてもらいやすくなります。

Point　Phrase Check　フレーズチェック

● いい〜 ▶▶ nice〜

nice＋名詞は本当に便利なフレーズです。nice shirt、nice hatなど、会話のきっかけにどんどん使ってみましょう。

● いつも〜にいるんですよ ▶▶ I find myself〜.

〈find＋人＋場所〉の表現。「つい来てしまうんですよ」というニュアンスがこもっています。

Scene 3_05 レストラン・酒場で
スポーツバーで一緒に楽しむ

★この会話にチャレンジ！

共通項を見つける
→ コツ③

A He did a good job! I think Japan will win.
（〈目が合ったときにニコッと笑って〉彼はいいプレーしたよね。日本は勝てると思う）

B He sure did. But I don't know whether Japan will really win or not. Who's that number 4?
（確かに、いいプレーだったね。だけど日本が本当に勝てるかはわからないな。あの4番は誰？）

A Honjo. （ホンジョウです）

B Do you know any players from Denmark?
（デンマークの選手は知ってる？）

A Johnsen. （ヨンセン選手なら）

B Johnsen is Norwegian. Who's the best player in Japan?
（ヨンセンはノルウェーの選手だよ。日本のエースは誰なの？）

A Hideo Tanaka?
（田中ヒデオかな？）

B Who's that?
（それ誰？）

A You're kidding. You don't know him?
（冗談でしょ。彼を知らないの？）

Yayoi's Advice　楽しい時間を共有できる

　スポーツバーも、外国人客がよく集まる場所。同じ試合を観ている者同士で会話をすれば盛り上がりやすいものです。スポーツが好きな方はぜひ英会話を実践する場として活用しましょう。

　会話のきっかけは、良いプレーをした選手を褒めるところから始めるのがオススメ。ポジティブな会話なら、見知らぬ人が相手でも乗りやすいからです。また、良いプレーを見た瞬間は、みんないい気分になっているもの。同じ感動を共有したことは「共通項」にもなりますから、お互いに心が開きやすくなります。

　会話を弾ませるには、"I think Japan will win." のように自分の意見を表明してみましょう。「どちらが勝つと思うか」をはっきりさせてポジションを明確にすると、相手が「私もそう思う」とか「私はそうは思わない。なぜあなたは日本が勝つと思うの？」と応じて会話が展開していきます。アメリカは訴訟社会でもあり、ディベートでポジションを明確にすることが文化として浸透しているのです。それをうまく活用し、会話を盛り上げて意見交換を楽しみましょう。

Point　Phrase Check　フレーズチェック

○ 私は〜だと思います ▶▶ I think〜.
自分の意見を言うときの定番です。ただ、いつもI think（思っている）だと、あまりはっきりした意見を言わない印象も与えますので、I'm sure（確信している）など、バリエーションを覚えておきましょう。

○ 冗談でしょ ▶▶ You're kidding.
同じ意味でNo kidding.などもよく使います。自分が言ったことを「冗談ですよ」と言う場合は、I'm kidding.またはJust kidding.と言います。

Scene 4_01

ホテルで

エレベーターで乗り合わせたとき

★この会話にチャレンジ！

A Hi, which floor are you going to?
（こんにちは、何階に行かれますか？）

B Hi, 6th floor, please.
（こんにちは、6階をお願いします）

A Sure.
（はい、わかりました）

B Thanks.
（どうも）

A It's a beautiful day.
（今日はいい天気ですね）

B It sure is. Is it always like this at this time of year?
（本当に。毎年この時期はこれぐらい良い天気なのですか？）

A No, it's usually much colder than this. You must have brought the nice weather with you!
（いいえ。たいていもっと寒いですよ。あなたが良い天気を日本に持ち込んでくれたんでしょう？）

B Maybe.
（かもしれませんね）

A Oh, it's your floor.
（あ、着きましたよ）

B Thanks.
（どうも）

笑顔で会話
→ コツ⑧

共通項を見つける
→ コツ③

A Have a good day!
（良い1日を）
B You too.
（あなたも）

Yayoi's Advice　まずは軽いあいさつから

　エレベーターで乗り合わせた人同士がちょっとした会話をするのは、外国ではよく見かける光景です。知らない人とはあまり話さない傾向がある国もありますが、まずは "Hi." と軽くあいさつしてみましょう。"Which floor are you going to?" と聞いてボタンを押してあげると、相手は「親切にしてもらった」と心を開きやすくなります。そこから、会話例のように天気のことなどで話を広げていけるといいですね。

　同じホテルに泊まっている人同士というシチュエーションなら、すでに共通項がある状態と言えます。そこで「1階のレストランに行ってみましたか？」「屋上の景色がきれいでしたよ」などと相手の役に立つ情報を伝えると、会話が弾みやすいでしょう。エレベーターは密室なので、コミュニケーションの取り方を間違うとお互いに緊張することもありますが、上手に皆さんのホスピタリティーを示すことができれば、一気に心を通わせられるはずです。

Point Phrase Check　フレーズチェック

● 何階ですか？▶▶ Which floor?
階数などを尋ねるときはwhichを使います。

● ええ ▶▶ Sure.
Yesと言うよりも、快諾しているポジティブなニュアンスがあります。

Scene 4_02

ホテルで

エレベーターで話しかける

★この会話にチャレンジ！

A Nice shoes.
（素敵な靴ですね）

B Thanks.
（ありがとう）

A You didn't get them in Tokyo, did you?
（東京でなんて買ってないですよね？）

B Actually, I did.
（実は東京で買ったの）

A That surprises me!
（それは驚き）

B In Shibuya.
（渋谷よ）

A Really? I'm curious to know which store.
（本当に？ どの店で買ったのか気になります）

B In Loft.
（ロフト）

A I must go there now!
（じゃあすぐにロフトに行かないと）

相手を褒める
⋯▷ コツ②

あいづち上手
⋯▷ コツ⑤

Yayoi's Advice 褒め上手を目指して

　エレベーターで乗り合わせた人と会話するというシチュエーションでさらに話を盛り上げるなら、先にもご紹介した「相手が身につけているものを褒める」方法がオススメです。褒めるものは、靴、ネクタイ、ピアス、指輪、時計、ジャケットやバッグなど、「どこを見ているんだろう」とあらぬ誤解を受けないものを選ぶようにします。

　会話例のポイントの1つは、"You didn't get them in Tokyo, did you?" という表現。このように否定形で「まさか東京で買っていませんよね？」と尋ねることで、ただ「どこで買ったんですか？」と聞くよりも、相手が買い物上手だと褒めるニュアンスが強くなります。また、相手の話に "That surprises me!" と反応しているのは、上手なあいづちの一例です。「すごいですね」「意外ですね」といった意味のあいづちを打つことは、間接的に相手を認めることにもなり、会話を盛り上げるきっかけになります。さらに、相手が教えてくれたお店の情報に対して、"I must go there now!" と言っているのは、「絶対行かなくちゃ！」というニュアンス。「有用な情報を提供してもらった」と意思表示することで、相手を立てています。

Point Phrase Check　フレーズチェック

● それは驚き ▶▶ That surprises me.
あいづちや上手なリアクションのバリエーションとして、ぜひ覚えておきたい表現です。

● 本当に？ ▶▶ Really?
こちらはリアクションの定番表現です。ほかにもWow!（すごい）、No way（まさか）など覚えておきましょう。

Scene 4_03

ホテルで

エレベーターで雑談する

★この会話でOK！

A Are you here for business or pleasure?
（こちらへは出張、それとも余暇でですか？）

B I'm here for pleasure, but my husband's here for business.
（私は余暇でですが、主人は仕事で来てるんです）

A How lucky you are! Have you seen much in Tokyo?
（あなたは運がいいですね。東京観光はけっこうできましたか？）

B Yes, I have. The Imperial Palace was very impressive.
（ええ。皇居にはとても感激しました）

A Great! I hope you enjoy the rest of your stay.
（素晴らしい。残りの滞在も楽しめるといいですね）

家族の話題＆褒める

▶ **impressive**
感動的な

あいづち上手
⇢ コツ⑤

Yayoi's Advice　相手の状況を喜ぶひと言を

　エレベーターの中で会話が盛り上がってきたら、次は出張で日本に来ているのか、それとも観光なのかを尋ねてみましょう。おおよそは相手の服装で推察できますが、あえて尋ねることで、次の会話の糸口を作れます。

　この会話例は、夫の出張に妻が同行しているというパターンです。ここで "How lucky you are!" と言っているのは、まず「（旦那様の仕事に同行できるなんて）ラッキーですね」と伝えることで、間接的に配偶者を褒める意図があります。また、同時に相手のことを想像して配慮を示す表現でもあります。相手の女性が主婦だとしても、出張に同行するには日常のさまざまな用件を調整しているはずですよね。そういったハードルを越えて日本に来ていることについて「ラッキーですね」と相手の状況を喜ぶひと言を添えているわけです。

　"Have you seen much in Tokyo?" という質問は、すでにどこかを観光している人に自慢話をするきっかけをつくってあげるひと言。エレベーターが目的のフロアに着いたら、"Great!" のひと言で手短に会話を終わらせれば OK です。

Point　Phrase Check　フレーズチェック

● **あなたは〜が目的ですか？** ▶▶ **Are you here for〜.**

滞在の目的を聞くときの表現です。Why did you come here?（なぜここに来たのですか？）だとぶっきらぼうな言い方になりますので、ぜひ覚えておきましょう。

● **残りの滞在も楽しんでください** ▶▶ **Enjoy the rest of your stay.**

Have fun. などと同様、別れ際のあいさつに。観光客にとっては、訪問を歓迎されている気分になっていただけるひと言です。

Scene 5_01 機内・海外旅行先で
飛行機で乗り合わせた人と話してみる

★この会話にチャレンジ！

A Hi.
（こんにちは）

B Hi, how are you?
（こんにちは。調子はいかがですか？）

A Great! How about you?
（いいですよ。あなたは？）

B Good. Thanks for asking. Were you here for business?
（いいですよ。聞いてくれてありがとうございます。こちらには仕事でいらしてたんですか？）

A Yes, I sure was.
（ええ、そうです）

B I hope you had a productive stay in Tokyo.
（生産的な東京での滞在だったらいいのですが）

▶ **productive**
生産的な

A Yes, it was pretty good.
（ええ、かなり良かったです）

B May I ask you what you do?
（どういう業種でお仕事されているか聞いてもいいですか？）

A Sure. I work in the IT industry.
（もちろん。IT業界ですよ）

共通項を見つける
⋯▶ コツ③

B My husband works as an engineer. He also makes frequent trips to the US. Do you come here often?
（主人がエンジニアなんですが、やっぱりよくアメリカに行ってるんです。あなたもよくこちらにいらっしゃるんですか？）

▶ **frequent**
ひんぱんな

A Once every two months or so.
(2カ月に1回ぐらい)

B That's quite frequent. It must be quite physically strenuous, changing from one time zone to another.
(それはけっこう頻繁ですね。肉体的にけっこう大変ですね、時帯が変わりますから)

A You're right!
(おっしゃる通り)

> 状況を知り、配慮を示す
> ⇢ コツ⑦

● **strenuous**
ストレスのある

Yayoi's Advice 声をかけることが相手への配慮に

　飛行機で隣の席に乗り合わせた相手とは、最初に目を合わせて"How are you?"と声をかければそこから自然に会話がつながるもの。英会話の実践のために海外旅行に行くなら、飛行機の中も存分に活用しましょう。座席に座るときにひと言交わせば、しめたものです。

　飛行機の中ではお互いに席を離れるわけにはいきませんし、フライトは長時間になるものですから、相手の迷惑にならないように配慮することも必要。様子を見て会話を終わらせられるよう、日本語で「お邪魔しました」「失礼しました」にあたるキーフレーズも覚えておきましょう。相手が本を読んでいたなら"I let you read the book." と言えばOK。仕事をしていたなら"I let you go back to work."です。

Point Phrase Check　フレーズチェック

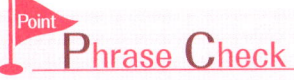

● 聞いてくれてありがとう ▶▶ **Thanks for asking.**
気にかけてくれたことに対して、さりげなく感謝を示すことができる便利なフレーズです。

Scene 5_02 機内・海外旅行先で
バスで乗り合わせた人と話してみる

★この会話でOK！

A Nice view, isn't it?
（きれいじゃないですか？）

B It sure is.
（確かに）

A Is this your first time visiting London?
（ロンドンは初めてですか？）

B We were here last year and enjoyed it so much that we're visiting again. How about you?
（去年も来たんですが、気に入っちゃったんでまた来てるんです。あなた方は？）

A It's our first time. My husband loves beer, and he saw some great fish and chips on TV and brought me here just to try it.
（初めてです。主人がビールが大好きで、テレビでおいしそうなフィッシュアンドチップスを見たので、ここまで連れてきたんです）

B Have you tried it yet?
（もう食べました？）

A We're heading to a pub famous for their great fish and chips.
（フィッシュアンドチップスがおいしいと有名なパブに向かってるところです）

B Sounds great.
（いいですね）

A Would you like to join us?
（一緒にいらっしゃいません？）

共通項を見つける
⋯➢ コツ③

具体的な質問をする
⋯➢ コツ⑫

B Unfortunately, we've already booked tickets for a theater play, but please enjoy it.
(残念ですが、もう観劇のチケットを予約してしまったので、でも、楽しんできてください)

> **book**
> 予約する

A Yes, we will. We hope you also have a fun night at the theater.
(ええ、もちろん。あなたも劇場で楽しい夜を過ごしてください)

B Thanks!
(ありがとう)

Yayoi's Advice　誘いの言葉をかけてみる

　海外旅行に行ったら、バスなどで乗り合わせた人とも会話してみましょう。"Nice view, isn't it?" のように、今まさに共有している景色について「素敵ですね」などと声をかけると、会話がスムーズにスタートできます。旅行者同士なら、"Is this your first time visiting London?" のように、当たり障りなく答えられる質問から入り、情報交換するのがコツ。

　気が合いそうだと感じたら、さらに交流を深めるために "Would you like to join us?" と誘えると理想的です。少々ハードルが高いかもしれませんが、英会話目的で海外に行くならチャレンジしてみてもいいかもしれません。なお、キリスト教の文化では「隣人愛」という考え方があり、初対面の人に誘いの言葉をかけることはごく自然な行為です。もちろん、断られても気に病む必要はありません。

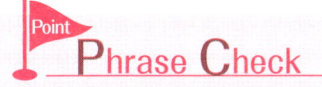

Point　Phrase Check　フレーズチェック

● **いい景色ですね ▶▶ Nice view.**
147ページで紹介した表現です。〈nice＋名詞〉は会話のきっかけに本当に便利な魔法のフレーズです。

Scene 6_01

職場・仕事関係で

外国人からの電話に応対する

★この会話にチャレンジ！

A Could I speak with Mr. Tanaka of the IP Division?
(知財部の田中さんと話したいのですが)

B Hold on.
(お待ちください)

I'm sorry, but he's away from his desk right now. May I take a message?
(あいにく、離席中です。伝言を承りましょうか？)

A Could you have him call me at 090-3440-1234?
(090-3440-1234 に電話してくれるように伝えてもらえますか？)

B Sure. May I have your name?
(はい。お名前をうかがってもいいですか？)

A Sorry, it's Joe Bowen, his counterpart from SPL.
(失礼。ジョー・ボーエンです、SPL 社の知財部のものです)

B Joe who? Could you please spell out your surname?
(ジョー何さんですか？ 名字のスペルを教えてください。)

A Sure. B as in Boy, O as in Ocean, W as in Washington, E as in England, and N as in North.
(もちろん。Boy の B、Ocean の O、Washington の W、England の E、North の N です)

- **counterpart** 仕事仲間
- おうむ返し →コツ⑬
- **surname** 名字

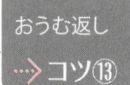

B BOWEN, Joe Bowen from SPL at 090-3440-1234, correct?
(SPL社のボーエン様、ジョー・ボーエン様で、090-3440-1234でよろしいでしょうか？)

A That's right.
(その通りです)

> 安心させるひと言

B I'll make sure he calls you as soon as he gets back.
(必ず席に戻ったらすぐ折り返しさせるようにしますね)

A Thank you.
(ありがとう)

Yayoi's Advice 相手に安心感を与える対応を

　外国人からの電話を受けることになったら、まず "Hold on."（お待ちください）という表現を覚えましょう。慣れないうちはこのひと言で少し時間を稼げば、会話集を開いて、「離席中って何て言うんだっけ？」と調べることもできます。

　名前が聞き取れないときのために、"Could you spell out your name?" という表現も覚えておきましょう。ついでに、自分の名前をスペルアウトする練習もしてみましょう。また、名前と所属、用件のポイントは、最後に復唱して確認すると相手を安心させることができます。"I will make sure to have him call you." という表現も大切なポイントです。相手は「この人はちゃんと用件を相手に伝えてくれるだろう」と安心感を持って電話を切ることができます。

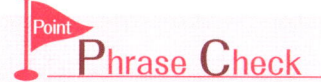

Point Phrase Check　　　フレーズチェック

● お待ちください ▶▶ **Hold on.**
電話で相手を待たせる際の決まり文句。（受話器を）そのままhold on（持ち上げて）いてくださいという意味です。

Scene 6_02

職場・仕事関係で

国際電話をかけるのを手伝う

★この会話でOK！

A I need to make an international call.
（国際電話をかけたいのですが）

B To which country?
（どこの国ですか？）

A The US.
（アメリカです）

B Dial 001010 then the local number.
（001010、それから番号をダイヤルしてください）

A Thanks.
（ありがとう）

B I'm sure your family will be happy to hear your voice.
（ご家族もきっと声が聞けて嬉しいのでは？）

A Unfortunately, I'm calling my boss.
（残念ながら、電話する先は上司です）

B Oh well, I'm sure he or she will be just as happy as your family would.
（あら、でも上司の方もきっとご家族ぐらい喜びますよ）

A I hope that will be the case.
（だといいのですが）

○ **international call**
国際電話

具体的な質問をする
⇒コツ⑫

家族の会話をする
⇒コツ④

Yayoi's Advice　相手が求める情報を凝縮

　ビジネスシーンでは、相手が欲している情報を最小限の言葉で伝えるのが会話をテンポよく続けるコツです。この会話例では相手が国際電話をかけたいと言っているので、どこにかけるか確認しますが、フルセンテンスで返す必要はなく "Which country?" で十分。

　事務的なやりとりが終わったら、コミュニケーションを深める会話にも挑戦しましょう。電話がビジネスに関することだろうと思っても、あえて「ご家族はあなたの声が聞けて嬉しいでしょう」などと言ってみると、場が和みます。また、"I'm sure..." という表現は「きっと…でしょうね」とポジティブなコメントをするときによく使う表現。相手に対する信頼感を表せるひと言です。前向きな言葉に「だといいのですが」と返すときは "I hope that will be the case." をよく使います。

　もう1つ、相手の上司について "he or she" と言っているところもポイントです。"boss" という言葉から男性だと決めつけないようにすることで、politically correct（差別・偏見のない公平さ）をわきまえた人だということが伝わります。

Point　Phrase Check　フレーズチェック

● 〜したいのですが ▸▸ I need to 〜.
〈need to 動詞〉（〜することを必要とする）で、相手に自分のしたいことを伝えられます。

● 〜できて嬉しい ▸▸ be happy to〜
嬉しいことを伝えるのにちょうど適した表現です。

Scene 6_03 職場・仕事関係で
初対面の人にあいさつする

★ この会話にチャレンジ!

A Hi I'm Noriko. You must be John from YSL.
(こんにちは、ノリコです。YSL 社のジョンさんですよね?)

B That's right.
(その通りです)

A It's a great pleasure to finally meet you in person.
(やっとお目にかかれて嬉しいです)

B Same here.
(私もですよ)

状況を知り、配慮を示す
⇒ コツ⑦

A Welcome to Japan. You must be exhausted from the 14-hour flight. I hope it wasn't too bad.
(日本へようこそ。14時間のフライトでお疲れですよね。そんなに悪くなかったならいいのですが)

B Thanks. Well, it was alright. Although, the typhoon made the ride quite bumpy. Thanks for picking me up at the airport.
(ありがとう。まあ、大丈夫でした。台風でかなり揺れましたけどね。空港に迎えに来てくれてありがとうございます)

▶ **bumpy**
揺れの多い

A No problem. Your peer did the same for me when I was in NY. I'm returning the hospitality.
(どういたしまして。あなたの同僚にもニューヨークで同じようにしてもらいましたから。親切にしてもらったことをお返しします)

▶ **peer**
同僚

B That's why you know the exact length of the flight, huh? When was that?
(なるほど、だから、フライト時間もぴったり知っているのですね。いつ行ったのですか？)

A Three weeks ago or so, right before the holiday season.
(3週間ぐらい前でした。休暇が始まる直前でした)

Yayoi's Advice　先に自分から名乗る

　会話例は空港に迎えに出て初対面の人にあいさつする場面。このような場合は、まず自分から名乗って正体を明らかにしましょう。また、初対面でも、相手が会社のロゴ入りファイルを持っているなどして、「この人がジョンさんだな」と確信が持てたら "You must be..." という表現を使うのがオススメです。相手は「すぐ自分のことをわかってくれたんだな」と感じて安心してくれるでしょう。

　"It's my great pleasure to meet you finally in person." という表現で注意したいのは、事前に約束して人に会う場合は "see" ではなく "meet" を使うということ。また、"finally" と添えることで、「やっと会えた」という強い思いが伝わります。会話例では相手が "Same here."（こちらも同じです）と返していますが、"Same here." は同感、"Me, too." は「私も」となり、ビジネスシーンで頻繁に使われますので覚えておきましょう。

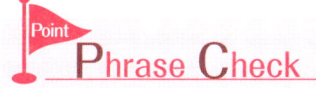

Point Phrase Check　フレーズチェック

● **～さんですね ▶▶ You must be～.**
はじめて待ち合わせする人など、「ひょっとして～さん？」と確認する際には、この表現でOKです。

Scene 6_04

職場・仕事関係で

同僚に話しかける

★この会話にチャレンジ！

A Are they your kids?
（お子さんですか？）

B Yes.
（はい）

A They are adorable.
（かわいいですね）

B Oh, thanks. But they often cause chaos.
（ああ、ありがとうございます。でも、騒ぎの原因になるときもありますから）

A I know what you mean. I have one of my own and she's the cutest thing in the whole universe, but at the same time she can be the most devilish thing too!
（わかりますよ。私にも1人いるんですが、宇宙で一番かわいいんですが、同時に一番小憎らしくもなりえますからね）

B Tell me about it. How old is your daughter?
（おっしゃる通り。お嬢さんはいくつですか？）

A She just turned three. Finally free of the terrible twos!
（3歳になったばかりです。やっと魔の2歳児から解放されたんですよ）

B Good for you.
（良かったですね）

家族の会話をする
→ コツ④

共通項を見つける
→ コツ③

●**devilish**
小悪魔的な

Yayoi's Advice　家族の写真を見逃さない

　同僚のパソコンのスクリーンセーバーや携帯の待ち受け画面などに家族の写真を見つけたら、会話を広げる絶好のチャンスです。子どもの写真の場合、相手が結婚指輪をしていて家族がいる人だとわかるときは、"Are they your kids?" と尋ねてみましょう。相手が結婚していない人の場合は甥や姪の可能性もありますから、ぎくしゃくすることがないよう "Are they your family?" と聞くとよいでしょう。なお、子どもを褒めるときは、"cute" より "adorable" を使うのがオススメ。「愛くるしい」という、親心をくすぐる言葉です。

　会話例に出てくる "I know what you mean." は、「おっしゃることはよくわかります」と共感を示す言葉。「私にも子どもがいて……」などと共通項を示すときにひと言添えると、会話が弾みやすくなるでしょう。あわせて、会話例で相手が使っている "Tell me about it."（おっしゃる通りです）という慣用句も覚えてください。

　会話例の最後の "Good for you." も、ホスピタリティを示すのに使える表現。相手のことを喜ぶと同時に「私も同じように嬉しい」という気持ちを表すことができます。

Point　Phrase Check　フレーズチェック

● おっしゃっていることはわかります ▶▶ I know what you mean.
相手の言っていることに理解を示したり、同調する際の言い方です。

● おっしゃる通り ▶▶ Tell me about it.
直訳すると「それについて私に話してください」ですが、こうした意味でよく使います。

Scene 6_05 職場・仕事関係で

連絡先を交換する

★この会話にチャレンジ！

A I'm sorry, I should've introduced myself. I'm Takeko. And you are?
（すみません、もっと早く自己紹介していれば良かったですね。武雄です。あなたは？）

B Peter.
（ピーターです）

A Nice meeting you.
（お会いできて嬉しかったです）

B Same here.
（私もです）

A By the way, are you on Facebook?
（ところで、Facebookはやってますか？）

B Yes it's Peter Kuznick.
（ええ。ピーター・クズニックです）

A Kuznick?
（クズニック？）

B Let me write it down for you.
（書いてあげますよ）

A Thanks. I'll send you a friend request.
（ありがとう。友達申請しますね）

B Sounds great. Let's keep in touch.
（いいですね。ではこれからも連絡を取り合いましょう）

> おうむ返し
> ⇢ コツ⑬

Yayoi's Advice 人間関係を広げるコツを知る

　ビジネスシーンでも、自己紹介をしないまま会話が進んでしまうケースは少なくありません。このような場面では、自分から "I'm sorry I should've introduced myself." と言って自己紹介に持ち込みましょう。相手の名前を聞くには、まず自分の名前を名乗って "And you are?"（あなたは？）と尋ねると、"What's your name?" などと聞くよりもぐっとナチュラルになります。

　連絡先を交換したい場合、メールアドレスを聞くのも1つの方法ですが、Facebookなら相手のフルネームを聞けば友達申請ができるのでオススメです。名前を尋ねてもスペルがわからないときは "Can you write it down for me?" と頼みましょう。会話例のように相手の名前を繰り返せば、「書きましょうか？」と申し出てくれるでしょう。

　なお、会話例の "Let's keep in touch." は、「連絡を取り合いましょう」という便利なキーフレーズ。このひと言をぱっと言えると、人間関係を広げやすくなりますから、ぜひ覚えて活用してください。

Point Phrase Check　フレーズチェック

● あなたは？▶▶ And you are?
同じことを聞き返すことができます。中学校で、"Fine, thank you. And you?" などと習いましたね。

● 連絡を取り合いましょう▶▶ Keep in touch.
121ページでも登場しましたが、本当によく使う表現。ぜひ決まり文句として覚えましょう。

Scene 6_06

職場・仕事関係で

オススメの和食を紹介する

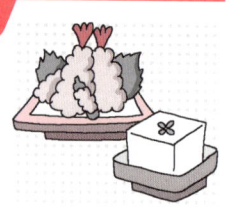

★この会話にチャレンジ！

A Is this your first time here?
（今回が初来日ですか？）

B Yes. Do you have any recommendation for Japanese foods I should try?
（そうです。試したほうがいいオススメの和食はありますか？）

A Tofu is great.
（豆腐はおいしいですよ）

B Really? I had tofu in China too. The Japanese imported tofu from China, correct?
（本当ですか？ 中国でも豆腐は食べましたよ。日本が豆腐を中国から持ってきたんじゃないですか？）

> **correct?**
> 合ってますか？

A Wow, you know more about Japanese food than I do!
（すごいですね。私よりも和食に詳しいじゃないですか）

> 状況を知り、配慮を示す
> ⋯▶ コツ⑦

B I did my homework before getting here.
（来る前にちゃんと学習しておきました）

A Then how about tempura? I know this very good tempura restaurant.
（じゃあ、天ぷらはどうですか？ おいしい店を知っています）

B Tell me more about it.
（ぜひ詳しく教えてください）

Yayoi's Advice　オススメは事前に考えておく

　ビジネスシーンでは、出張で海外から来た外国人から「オススメの和食は何か」聞かれることが少なくありません。皆さんも、聞かれたときにパッと答えられるオススメの和食を考えておきましょう。ちなみに、外国人に勧めると喜ばれやすいのは、天ぷらです。野菜だけでも注文できるので、相手がベジタリアンでも安心です。こうした理由を添え、オススメのお店のアドバイスとあわせて説明できるようにしておきたいところです。

　なお、会話例では、最初に豆腐を和食として勧め、相手から「中国で豆腐を食べたことがありますよ」と言われています。このように、うっかり思い込みで間違った情報を提供してしまうことは起こり得るもの。実はこの豆腐の例は、私自身が学生時代にアメリカ人と話していてうっかり「豆腐は日本食です」と言ってしまった体験をベースにしています。このような場面では、焦って取り繕ったりせず、"You know more about Japanese food than I do." と相手を立てる表現で乗り切りましょう。失敗を恐れないこと、相手との良好な関係構築に集中することが大切です。

Point　Phrase Check　フレーズチェック

● 私より〜のことに詳しいですね
▶▶ You know more about〜than I know.

詳しいことに驚きを示すことで、相手に気持ちよく話してもらえる表現です。
日本通の外国人にはぜひ言ってあげたいですね。

Scene 6_07

職場・仕事関係で

日本通のお客さんと

★この会話にチャレンジ！

A Great job! How many times have you come here before, including this time?
（お疲れさま。今回含めて何回目でしたっけ？）

B This is my third time.
（3回目です）

A Wow, you must be an expert by now!
（へえ、じゃあもう専門家ですね）

B Well, I don't know about that, but I love *natto*.
（それはわからないですが、納豆は大好きです）

A What? Did I hear you right?
（え？　聞き間違えではないですよね？）

B I love *natto*.
（納豆が大好きです）

A Fermented soybeans? That smelly food?
（発酵した大豆の？　臭い食べ物の？）

B Yes. Do you know where I can get *natto*?
（そうです。納豆が手に入るところ知ってますか？）

A Downstairs at the Seven-Eleven. We can stop there on the way to the station.
（下のセブンイレブンです。駅に行く途中に一緒に行けますよ）

B Great!
（やった）

▸ **include**
含む

相手を褒める
⋯⋯ コツ②

▸ **smelly**
臭いのする

Yayoi's Advice　驚きを伝えて相手を立てる

　出張で何度か日本に来たことがある外国人から、「日本のことをよく知っている」とちょっとした自慢話をされることがあります。会話例では「納豆が好きなんですよ」というのがそれです。

　このような場面では、まず大きく驚いて見せてあげましょう。"What? Did I hear you right?"（聞き間違いではありませんか？）というのは、相手に驚きを伝えるための表現。"The fermented soy beans? That smelly food?" とたたみかけるように聞いているのも、同様の配慮によるものです。

　なお、納豆を "the fermented soy beans" と表現しているように、日本の食べ物を英語でうまく伝える練習をしておくと、接待などの場面で喜ばれます。海外にないものの場合は、単語を調べて覚えるのではなく、似た食べ物に例えて説明したほうがいいでしょう。例えばコンニャクは "devil's tongue" と辞書に載っていますが、「芋から作られている、ゼリーに近い食べ物」と説明したほうがイメージが伝わるでしょう。お好み焼きなら、「野菜入りの甘くないパンケーキ」。相手が理解しやすい表現を考えてみてください。

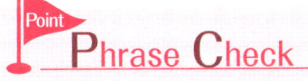

Point Phrase Check　フレーズチェック

● お疲れさま ▶▶ Great job.
Good job.をより強調した褒め言葉。〈Great ＋名詞〉も覚えておきましょう。

● 聞き違いじゃないですよね？ ▶▶ Did I hear you right?
驚きを伝えるための表現。相手の話に興味を示していることがより伝わります。

Scene 6_08

職場・仕事関係で

オススメ観光ツアーを紹介する

★この会話にチャレンジ！

A We have Friday to see Tokyo. Any recommendations for sightseeing?
（金曜日は東京観光できるのだけど、オススメありますか？）

> 相手にメリットをもたらす
> ⇒コツ①

B A Hato Bus tour would be great for you. The tour has an English-speaking guide, and they have both half and full day tours, so you can choose a tour depending on whether you want to sleep in late.
（はとバスツアーがいいと思いますよ。英語が話せるガイドがついて、半日コースと1日コースがあり、朝ゆっくり寝たいかで選べるので、いいですよ。）

A It's called Hato Bus?
（はとバスですか？）

B Hatobus.com has all the details in English.
（Hatobus.com に詳細が全部英語で書かれています）

At this time of year, cherry blossom viewing is included. My friend told me it was very good.
（今の季節だと桜の花見が含まれています。友達がすごく良かったって言ってました）

A Sounds like the perfect thing for me. Thanks for the great info.
（私にとって完璧そうですね。良い情報をありがとう）

- **detail** 詳細
- **cherry blossom** 桜の花

Yayoi's Advice　オススメスポットは事前に整理

　出張で日本に来ている外国人からよく聞かれることの1つが、オススメの観光スポットです。すぐに答えられるよう、自分が住んでいる場所の近くで外国人が好きそうな場所を整理し、どんな場所なのか、どうやって行けばいいかなど説明できるようにして、想定される会話文を作って練習しておくといいでしょう。案内する場所は名所でなくても OK ですから、「紅葉がきれいです」「おいしい湧き水があります」「リンゴ狩りの体験ツアーに参加できますよ」などと魅力が伝わるように説明してください。たくさん数をこなすと、ものを英語で描写する力がアップします。相手が興味を持てるよう、形容詞を上手に使うことを意識してみましょう。

　ちなみに東京近郊なら、会話例のようにバスツアーを勧めてみるといいでしょう。英語のガイドによるツアーも多数あるので、教えてあげると喜ばれます。また、情報を英語で見られるサイトがあるなら "Hatobus.com has all the details in English." のように案内する表現も覚えておきましょう。自分が英語で全部説明できなくても、こうしたひと言をパッと言えれば安心です。

Point　Phrase Check　フレーズチェック

●〜がいいでしょう ▶▶ 〜would be great.
That would be great（それはいいでしょうね）など、リアクションを取る際にも便利な表現です。

●〜に詳しくあります ▶▶ 〜has all the details.
パンフレットやウェブサイトに情報がありますよ、と伝えるときの表現です。

Scene 6_09

職場・仕事関係で

オススメのお土産を提案する

★この会話にチャレンジ！

A I don't know what to buy for my family.
（家族のお土産に何を買ったらいいのかわからないのだけど）

B Well, there are some very popular snacks. They may be good for your family.
（とても人気のスナックがありますよ。家族には良いのではないでしょうか？）

A Like?
（例えば？）

B Pocky, which are pretzel sticks coated with chocolate. They're very popular here with teenagers.
（ポッキーというチョコのコーティングがかかっているプレッツェルとか。ここでもティーンにすごく人気がありますよ）

A Sounds yummy.
（おいしそうですね）

○ **yummy**
おいしそう

Yayoi's Advice　お土産も事前にピックアップを

　観光スポットと同様、ビジネスシーンで外国人からよく聞かれるのが、オススメのお土産です。手近な場所で買えて、値段が手頃で、日本のテイストが伝わるものをオススメできるように考えておきたいもの。この点、日本のお菓子は海外で人気があるので、コンビニなどで買える勧めやすいものをピックアップしておいてもいいかもしれません。

　先にポッキーが海外で人気だとご説明しましたが、このほかにオススメなのが、わさび味のスナック。わさび味は外国人の味覚に合うようで、私自身、海外出張時にお土産に持っていくこともあります。教えると非常に喜ばれるので、覚えておくといいでしょう。

　お土産をオススメするときも、わかりやすく説明できるよう準備しておきます。たとえばポッキーなら "pretzel sticks coated with chocolate" というように、相手が知っているものになぞらえて説明できるといいですね。こうした表現を自分で思いつかない場合は、外国人と会話する中で、相手が実際に食べたときにどう言うかをチェックするなどして、表現をストックしていくようにしましょう。

Point Phrase Check　フレーズチェック

● 何を〜すべきかわからない ▶▶ I don't know what to 〜.

〈I don't know what to ＋動詞〉で、いろいろな場面で使えます。

● 例えば？ ▶▶ Like?

具体的にどんなの？　と聞く際に使えます。ネイティブは、日本語で「〜みたいな」という感覚でよくlikeを使います。

Scene 7_01

スクール・英会話レッスンで

英会話カフェで練習する

★この会話にチャレンジ！

A So, what would you like to do in this class?
（今日はこのクラスで何をしたいですか？）

B I'd like to practice a role-play for giving directions. You're a tourist looking for the Imperial Hotel in Hibiya. I'm walking by and say, "May I help you?".
（行き方を伝えるロールプレーを練習したいんです。あなたは旅行者で日比谷の帝国ホテルを探しています。私は道を歩いていて、あなたに「大丈夫ですか？」と話しかけます）

A Sure.
（いいですよ）

B Let's begin then.
（では始めましょう）

Yayoi's Advice　様々な場面の設定を

　英会話カフェは、英語を話す外国人が集まっており、街の中で知らない外国人に話しかけることなく英会話の練習ができます。英会話の初心者の方は、まず英会話カフェに行ってトレーニングしてみてもいいでしょう。

　ただし、英会話カフェは何を話すのかが決まっていない分、自己紹介や趣味の話ばかりで終わってしまいがちです。英会話力を伸ばすためのトレーニングの場にするには、相手にロールプレイングにつき合ってくれるよう頼むのがオススメ。

　会話例では "I would like to practice a role-play for giving directions." と言って、街の中で道案内する場面を設定して練習につき合ってもらっています。このようにしてさまざまな場面を設定することで、英会話カフェという1つのシチュエーションでも、無数の場面の会話を練習することができるのです。

　英会話カフェは、主体的に利用すれば、英会話力アップにより役立てられます。事前にどのような場面を設定するかを考え、その場面でどんな会話をするか頭の中でシミュレーションし、その会話を練習しておきましょう。

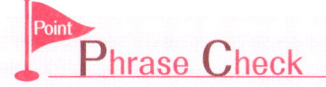

Point Phrase Check　フレーズチェック

●〜を練習したいです ▶▶ I would like to practice〜.

would like to 〜は「〜したい」という、want to 〜よりも丁寧な言い方です。

Scene 7_02

スクール・英会話レッスンで

プロジェクトを作って練習する

★この会話にチャレンジ！

A I'm doing some research for my blog. Would you be so kind as to answer a couple of questions?
（今ブログ用に調査しています。いくつか質問に答えてもらえないでしょうか？）

B Sure, as long as it won't take any longer than a few minutes.
（数分であれば、いいですよ）

A Thanks. I'll make it as short as possible.
（ありがとう。できるだけ短くします）

B Go ahead.
（どうぞ）

A Would you please share your impressions about Japan with me?
（外国人の日本に対する印象を聞かせてもらえますか？）

B That's quite a broad and general question, but I found it very interesting in a sense that the culture is quite different from the one I'm from. The people are really nice.
（かなり広範で一般的な質問ですね。まあでも、面白い国だと思います。文化が全然違いますから。それから、人もすごく親切ですよね）

○ **impression** 印象

○ **broad** 広い

○ **general** 一般的な

Yayoi's Advice 目標を決めてステップアップ

　街の中で外国人に声をかけることに抵抗がある方は、この会話例のように「調査をしているのですが……」と言って質問に答えてもらうことから始めてみましょう。調査を1つのプロジェクトととらえれば、尻込みしがちな人も取り組みやすくなります。目的が明確なので、声をかけられた相手も対応しやすいでしょう。最初はぎこちなくても、2人、3人と声をかけるうちに慣れてきますから、ぜひ挑戦してください。声をかけるときは、相手が時間を気にすることが考えられますから、スムーズに進められるよう事前に質問を書き出して音読や暗唱ができるように準備しておくといいでしょう。

　プロジェクトですから、「いつまでに」「何を」「何のために」やるかを決めて取り組むことも大切です。例えば「今日は1日で10人に声をかけて "How are you?" と尋ね、相手がどう答えたかをノートに書き出す」などと決めるのです。実際にやってみると、"How are you?" の答え方にもバリエーションがあることがわかり、「次のプロジェクトではそのバリエーションを使ってみよう」というようにステップアップできます。

Point Phrase Check　　フレーズチェック

● ~していただけないでしょうか？
▶▶ **Would you be so kind as to ~?**

お願いするときの丁寧な言い方。直訳すると「あなたは~してくれるくらい親切でいらっしゃいますでしょうか？」となります。

Scene 7_03

スクール・英会話レッスンで

フィリピンのスカイプ英会話

★この会話にチャレンジ！

A Hi, I'm Michael. And you are?
(こんにちは。マイケルです。あなたは？)

B I'm Masako. Nice to meet you.
(まさこです。はじめまして)

A Same here.
(こちらこそ)

B Michael, instead of going over the text, may I ask you questions about the Philippines? Because I will be visiting there three weeks from now.
(マイケル先生、では、テキストではなくて、フィリピンについていろいろ聞いてもいいですか？ 3週間後にフィリピンに行くので)

A Sure.
(もちろん)

B Great. Let me start with a basic question.
(良かった。では、基本的な質問から始めさせてください)

"What would be a good dish to try in the Philippines?"
(絶対食べておいたほうがいい食べ物は何ですか？)

"What points should I keep in mind when taking a taxi?"
(タクシーに乗るときの注意点は？)

"What other type of transportation do you think I should take when I visit for the first time?"
(初めて行ったときに使うといいほかの交通機関は何ですか？)

> **keep in mind**
> 心に留める

> **transportation**
> 交通機関

Yayoi's Advice 自分に合う先生を探して

　近年は、スカイプなどの無料通話ソフトを使って英会話のレッスンを受けられるサービスが増えています。外国人に街の中で声をかける前に、こうしたサービスを利用して練習しておいてもいいでしょう。この場合、先にご紹介した英会話カフェのように、ロールプレイングにつき合ってもらったり、あるいは会話例のように自分からテーマを設定して会話をしたりするのがオススメです。テキストなどで用意された会話を練習するより、皆さんが練習したいフレーズ、覚えたてですぐ使ってみたいフレーズを口にする機会にしたほうが、高い効果が得られると思います。

　スカイプ英会話サービスは多くの会社が提供していますが、無料体験で試して選ぶようにしましょう。自由にテーマを決めて話したいなら、その希望に対応してくれるスクールであることも確認してください。また、「どのサービスか」よりも重要なのは「合う先生がいるかどうか」です。話しやすいと感じる先生や、自分の希望にしっかり合わせてアドバイスしてくれる先生を見つけられると、練習の効果がぐっと高まります。

Point Phrase Check　フレーズチェック

● 私は〜することになっています ▶▶ I will be 〜ing.
〈will ＋ be 〜 ing〉で未来進行形のカタチをとって、ちょっと先の予定を話す際に使います。

● 〜から始めさせてください ▶▶ Let me start with 〜.
スピーチやプレゼンなどで、話を展開するときにも使える表現です。

番外編 こんな場面のひと言 🎵MP3音声

★聞かれた質問に答えられない場合

A Do you know where I can find Japanese wasabi crackers?
「わさびせんべいが買えるところを知っていますか？」

B I am sorry I don't know.
「すみません、わかりません」

> **Yayoi's Advice**　何かを尋ねられたときに、「知らない」と言ってしまってはいけないのではないか、と思うかもしれませんね。でも、知らなければ「知らない」と素直に言ってOKです。もし余裕があるときなら、"Do you want me to find out for you?"（私が探してあげましょうか？）などと申し出るのはとても親切ですが、無理する必要はありません。

★聞き取れなかった時の対応策

- **I am sorry?**
「ごめんなさい？」

- **Sorry?**
「すみません？」

- **Pardon?**
「もう一度言ってもらえますか？」

- **I am very sorry but could you please repeat what you just said?**
「すみませんが、今おっしゃったことをもう一度おっしゃってもらえますか？」

- **Sorry can you paraphrase?**
「ごめんなさい、言い換えてもらえますか？」

| Part 2 | 場面別　実践ダイアログ

> **Yayoi's Advice**　こうした場面で、つい萎縮してしまう方が多いですが、大切なのは、「しっかり理解したい」と思う気持ちです。「もう1回言って」と言われて嫌がる人はいないので、ここでくじけないことが大切です。

★上手な自己紹介

● **I am Kimiko Tanaka, working for ABC company and I blog for pleasure on various subjects.**
「田中公子と申します。ABC社に勤務していて、趣味でさまざまなトピックでブログを書いています」

> **Yayoi's Advice**　自己紹介では、「自分の人格がわかるひと言」を入れることがポイントです。この場合は、「ABC社に勤務している」と言うことで、どういう職業に就いているのかがわかりますし、「ブログを書いている」と言うことで、発信が好きなアクティブな人というイメージが透けて見えます。例えば、"I like to play Golf."（ゴルフをすることが好きです）と言えば、ビジネスを中心にした生活をおくっているのかなとイメージできますし、"I like surfing."（サーフィンが好きです）と言えば、仕事とプライベートをうまく分けている人かなと想像をめぐらすことができます。そうしたひと言を入れるだけで、次の話題への種まきになります。

★具体的な質問をする

A Do you have any recommendation as to where I should look on line?

「どこかおすすめのサイトはありますか？」

B Sure. Dr. Peterson has this great site but it is all in English but I guess that would not be a problem for you.

「ピーターソン先生がこのすごいサイトを持っています。でも全て英語なんですが、あなたなら問題なさそうですね」

A It will be a good way to improve my English too. Killing two birds with one stone.

「いい英語の練習にもなると思います。一石二鳥です」

Yayoi's Advice

例えば、「アメリカ人は何でみんなかっこいいのですか？」（これは本文で書いたように、私が高校時代にした失敗です）など、すごく抽象的な質問だと答えにくいですよね。当然、相手も答えに詰まってしまいます。何か情報を探しているのなら、「オススメのウェブサイトなど、情報源知りませんか？」と言うと相手も答えやすくなります。また、具体的な質問をするメリットは、その情報を得て、自分自身がその後行動をとりやすいということ。ただ「会話した」というだけで終わらず、有意義なものにするためにも、具体的な質問は大切です。

★共通点を見つける

A I was in Spain a month ago and had no clue what to eat or drink.
「スペインに1カ月前にいたんだ。何を食べたらいいのかも、何を飲んだらいいのかも、さっぱりわからなかった」

B You've got to be kidding. I am from Spain. What part of Spain did you visit?
「冗談でしょ。僕はスペイン出身です。スペインのどこに行ったの？」

A Madrid and Malaga.
「マドリードとマラガ」

B Wow, my sister lives in Madrid, but I live in Barcelona.
「すごい。妹がマドリードに住んでるけど、僕はバルセロナ」

A Actually my husband and I went to Barcelona last year and loved the city and especially the food.
「実は夫と私は去年はバルセロナにいったの。町も食べ物もとっても気に入ったわ」

Yayoi's Advice　共通の話題があると、国籍などを問わず、会話は必ず盛り上がります。日本語でもそうですね。友達や配偶者ができたきっかけには、必ず何かしらの共通項があったはずです。そういうときにはどんどん話題が発展していきます。

出身地の話題は特に、最初の入り口としては話しやすいですね。相手の出身地を聞いて、もしその場所に「行ったことがある」「テレビで見たことがある」「聞いたことがある」ならば、それを伝えるだけでも、会話がどんどん発展していきます。

★あいづちを打つ・反応する

Pattern 1

A I went skiing.
「スキーに行きました」

B Wow, sounds nice.
「おお、それはいいですね」

Pattern 2

A I went to see Kamakura.
「鎌倉に行きました」

B That must've been very interesting.
「興味深かったのではないですか？」

Pattern 3

A It was so hard to use chopsticks.
「おはしを使うのが難しかったです」

B I bet it was.
「そうでしょうね」

Pattern 4

A I tried *natto*.
「納豆を食べてみました」

B You kidding.
「本当ですか？」

Yayoi's Advice　前述の「共通点」も、ラポールビルディングの手段になりますが、その前段階の練習として、「それってすごく素敵」「いいですね」などポジティブな反応をしてみましょう。あいづちや、聞き返したりすることで、相手は「この人は関心をもって聞いてくれている」と感じて嬉しくなるものです。会話のラリーもどんどん続きます。

★おうむ返しをする

Pattern 1

A I am from Canada.
「カナダ出身です。」

B Canda!
「カナダ！」

Pattern 2

A My kids are 6 and 4 year olds.
「子供は6歳と4歳です。」

B 6 and 4.
「6歳と4歳。」

Yayoi's Advice　おうむ返しをすることで、相手は「私の話が理解されている」と感じるので、安心して次の話題を続けられるようになります。ある企業の会議でお仕事をしたときに、おうむ返しがまったくなかったことがありました。すると何が起こったかというと、スピーカーは堂々巡りして、同じ話を繰り返してしまいました。会議としては2時間くらいあったにもかかわらず、翻訳したらそれに見合った内容とは言い難いものになりました。一方、別の会議では、司会の人はちゃんとおうむ返しをしていました。その結果、有意義な議論に発展し、たくさんの情報が集まったのです。しかも時間は1時間。情報量は倍以上でした。そのくらい、おうむ返しは、相手から情報を引き出すのに役立ちます。

Column

教会に行ってみよう！

　日本にいながらにして外国人と会話できるスポットとして、教会はオススメです。

　東京なら、代官山や表参道にバイリンガルの教会がありますし、外国人宣教師がいる教会は全国各地にあります。

　教会と聞くと「キリスト教徒ではないのに足を踏み入れていいの？」「勧誘されたりしない？」などと疑問や不安を感じる方もいるようです。しかし、教会はキリスト教徒ではない人にも広く開かれており、「キリスト教に興味がある」という人も訪れるのが当たり前の場所。無理に勧誘されるようなこともありません。無料でバイブルの講義が聞けるので、無理にその場で外国人に声をかけようとしなくても十分勉強になるはずです。

　私が教会に行くことを勧めるのは、英語圏の文化を理解するのに教会が非常に役立つと思うからです。英語にはバイブルから生まれた表現がたくさんありますし、欧米人の行動や発想の根源にはやはりバイブルがあります。彼らの行動パターンの背景にある思想を知ることは、みなさんの英語力を引き上げるために欠かせないプロセスでもあるのです。キリスト教の考え方を理解せずに、英会話を極めることは難しいと言ってもいいでしょう。

　ぜひ一度、気軽に足を運んでみてください。

音声ダウンロードについて

　本書のPart 2「場面別　実践ダイアログ」で掲載されている「Scene1～7」の会話例と、「番外編」の会話例・例文のMP3音声ファイルを無料でダウンロードできます。

音声ファイル利用方法

①パソコンでインターネットから下記サイトにアクセス
http://www.chukei.co.jp/600292

　本書の紹介ページ欄下段にある「音声ファイル」より、以下のIDとパスワードを入力して、ダウンロードできます。

> **ダウンロードID：zettai**
> **パスワード　　：oy2014**

②ファイルをパソコンにダウンロード

　ダウンロードのウィンドウが開いたら、「ファイルを保存する」を選択し、「ＯＫ」ボタンをクリックしてください。

※お使いのパソコンによって、表示内容が異なる場合があります。

③ダウンロードしたファイルを解凍する

　ダウンロードしたばかりのファイルは、ZIP形式となっており、そのまま再生することができません。ファイルを解凍後、各オーディオプレーヤーや音声再生ソフトでご利用ください。

※音声はＭＰ３形式です。再生にはMP3の再生可能なプレーヤー、またはＰＣソフトが別途必要です。CDプレーヤーでは再生できません。

※各オーディオプレーヤーでの音声ファイル利用方法については、各製品の取扱説明書やヘルプをご参照ください。なお、本サービスは予告なく終了することがございます。

声の出演／Jack Merluzzi、Bianca Alen

〔著者紹介〕

小熊　弥生（おぐま　やよい）
純国産同時通訳者。1971年生まれ。91年、実践女子短期大学国文科卒業、2004年早稲田大学社会科学部800名中2番で卒業。短大卒業後に通訳者を目指すも、英語力はTOEIC 280点。独自の勉強法を駆使し、半年後に805点を取得して大手英会話学校講師に抜擢。その後、TOEIC 950点、英検1級、通訳検定2級を取得し、短大卒業から3年半で通訳者に。通訳した現場は、数百億円規模の商談など主に日本企業とフォーチュン500企業70社以上の間のあらゆるビジネス場面5000以上。同時通訳者として国家元首から要人から世界の著名人を通訳、テレビや雑誌で英語勉強法・モチベーションに関する取材を多数受ける。
著書に『英語が面白くてとまらなくなる感動のマスターマップ勉強法』（KADOKAWA 中経出版）、『TOEICテスト280点だった私が半年で800点、3年で同時通訳者になれた42のルール』（幻冬舎）などがある。

TOEIC®テスト280点から同時通訳者になった私がずっと実践している英会話の絶対ルール（検印省略）

2014年5月24日　第1刷発行

著　者　小熊　弥生（おぐま　やよい）
発行者　川金　正法

発行所　株式会社KADOKAWA
　　　　〒102-8177　東京都千代田区富士見2-13-3
　　　　03-3238-8521（営業）
　　　　http://www.kadokawa.co.jp

編　集　中経出版
　　　　〒102-0071　東京都千代田区富士見1-8-19
　　　　03-3262-2124（編集）
　　　　http://www.chukei.co.jp

落丁・乱丁本はご面倒でも、下記KADOKAWA読者係にお送りください。
送料は小社負担でお取り替えいたします。
古書店で購入したものについては、お取り替えできません。
電話049-259-1100（9：00～17：00／土日、祝日、年末年始を除く）
〒354-0041　埼玉県入間郡三芳町藤久保550-1

DTP／ニッタプリントサービス　印刷・製本／図書印刷

©2014 Yayoi Oguma, Printed in Japan.
ISBN978-4-04-600292-1　C2082

本書の無断複製（コピー、スキャン、デジタル化等）並びに無断複製物の譲渡及び配信は、著作権法上での例外を除き禁じられています。また、本書を代行業者などの第三者に依頼して複製する行為は、たとえ個人や家庭内での利用であっても一切認められておりません。